Cuisine santé pour les aînés

Couverture

- Maquette:
  GAÉTAN FORCILLO
- Photo:
  BERNARD PETIT

Maquette intérieure

- Conception graphique:
  JEAN-GUY FOURNIER

Équipe de révision

Jean Bernier, Danielle Champagne, Michelle Corbeil, René Dionne, Louis Forest, Monique Herbeuval, Hervé Juste, Jean-Pierre Leroux, Odette Lord, Linda Nant Paule Noyart, Normand Paiement, Jacqueline Vandycke

DISTRIBUTEURS EXCLUSIFS:

- Pour le Canada:
  AGENCE DE DISTRIBUTION POPULAIRE INC.*
  955, rue Amherst, Montréal H2L 3K4 (tél.: 514-523-1182)
  *Filiale de Sogides Ltée
- Pour la France et l'Afrique:
  INTER-FORUM
  13, rue de la Glacière, 75013 Paris (tél.: 570-1180)
- Pour la Belgique et autres pays:
  S. A. VANDER
  Avenue des Volontaires, 321, 1150 Bruxelles (tél.: (32-2) 762.98.04)

Denyse Hunter

Cuisine santé pour les aînés

Les Éditions de l'Homme*

CANADA: 955, rue Amherst, Montréal H2L 3K4

*Division de Sogides Ltée

Bibliothèque nationale du Québec
Dépôt légal — 1er trimestre 1985

ISBN 2-7619-0368-4

Introduction

Les progrès de la médecine moderne ont largement contribué à augmenter la durée de la vie. On remarque de plus en plus que le nombre de personnes âgées de plus de 65 ans augmente à un rythme deux fois plus élevé que celui de la population en général.

Les écrits scientifiques concernant les aspects physiologiques du vieillissement sont nombreux. Mais ceux qui traitent de l'alimentation des personnes âgées sont plus rares, ce qui fait que l'on ne connaît pas très bien la relation entre l'alimentation et la santé chez les gens âgés. L'on pourrait penser que des recherches aussi élémentaires ont été menées il y a déjà très longtemps et que les résultats en sont au stade de l'application, mais ce n'est malheureusement pas le cas.

Comme l'état nutritionnel constitue une des composantes de l'état de santé de l'individu, il serait alors illogique d'étudier à fond les processus du vieillissement sans s'intéresser particulièrement à l'alimentation de nos aînés*. L'enquête Nutrition

* Le lecteur comprendra que l'emploi du genre masculin n'implique aucune discrimination à l'égard du genre féminin. Seuls des impératifs de publication sont mis en cause.

Canada révèle qu'un pourcentage élevé de personnes âgées sont sous-alimentées et manifestent souvent des symptômes de carences alimentaires (manque d'éléments nutritifs).

Ce volume s'adresse à la fois aux personnes âgées, à celles qui s'occupent d'elles, et aux adultes qui veulent préparer leur retraite pour la vivre en santé. On y expliquera les principales théories concernant le vieillissement, les principaux changements relatifs au troisième âge, les besoins nutritifs, ainsi que quelques conseils pour diminuer les petits malaises de la vie quotidienne. Un chapitre est réservé aux menus et les recettes ont été spécialement conçues pour les gens du troisième âge. Il sera question également des loisirs durant la retraite et des différentes façons de prendre ses repas pour briser la solitude et la monotonie.

Bien entendu, ce volume ne se veut pas un gage de longévité, mais plutôt un guide pratique à la portée de tous ceux et celles qui veulent vivre la seconde moitié de leur vie en santé.

Chapitre premier

Une étape de croissance

A) VIEILLIR, C'EST QUOI?

Avant d'aborder la lecture de ce volume sur l'alimentation du troisième âge, il faudrait tout d'abord s'entendre sur la définition du terme *vieillissement.* Évidemment, le vieillissement est un phénomène beaucoup trop complexe pour qu'on puisse le définir en quelques mots. On peut quand même donner quelques définitions, car elles varient selon les auteurs. Le vieillissement est un processus qui correspond à la somme de tous les changements qui s'effectuent, chez l'humain, depuis sa naissance. Ces changements influencent l'être sur tous les plans: biologique, social, psychologique et physiologique. C'est pour cette raison qu'il est impossible de déterminer le début et la vitesse du vieillissement puisqu'il existe de nombreuses variations individuelles. De plus, ces changements n'évoluent pas de la même manière chez tous les sujets. Par exemple, la tolérance au glucose diminue avec l'âge chez certaines personnes, mais demeure stable chez d'autres. Nous comprenons aussi la raison pour laquelle l'âge minimum des sujets varie selon les différentes enquêtes nutritionnelles menées auprès des personnes âgées; cela explique également les variations des résultats que l'on peut observer en prenant connaissance de ces sondages.

Le vieillissement de l'organisme est relié à la fois à une perte de cellules actives et à une diminution de l'activité des cellules encore actives. Mais il n'y a pas que l'âge chronologique qui importe.

Il existe quatre sortes d'âge:

1. L'âge chronologique est égal au nombre d'années écoulées depuis la naissance.
2. L'âge social correspond au nombre de rôles actifs dans la vie.

Par exemple, accordez-vous un point pour chaque catégorie à laquelle vous vous identifiez:

Travailleur ou travailleuse	1 point
Frère ou soeur	1 point
Oncle ou tante	1 point
Père ou mère	1 point
Grand-père ou grand-mère	1 point
Parrain ou marraine	1 point
Filleul(e)	1 point
Petit-fils ou petite-fille	1 point
Neveu ou nièce	1 point
Cousin ou cousine	1 point
Membre (groupe, association, corporation)	1 point pour chaque groupe
Étudiant(e)	1 point
Ami(e)	1 point
Bénévole	1 point

Autres: président(e) d'une association, etc.	1 point pour chaque titre
Mari ou épouse	1 point

Plus le pointage est élevé, plus vous êtes jeune sur le plan social. Avec l'âge, nous perdons certaines relations (perte du conjoint, du père et de la mère, des compagnons et compagnes de travail, etc.). Il faudrait donc les remplacer par d'autres (ex: amis bénévoles, membres d'associations) en essayant d'élargir le cercle de ses connaissances et en tentant d'être à l'aise avec les gens de tous les âges (ex: contact avec les jeunes), ce qui permet de rester jeune plus longtemps.

3. L'âge biologique correspond à l'état de santé physique; il est souvent en rapport avec l'âge chronologique, mais pas nécessairement. Il peut être amélioré par de bonnes habitudes de vie (exercice physique, alimentation).
4. L'âge psychologique est relié au fait que l'état mental a une grande influence sur le vieillissement. Par exemple, on peut vieillir tout d'un coup après quelques mois de dépression, de solitude, de stress et d'anxiété. Il faut par contre rester curieux et éveillé, être ouvert aux idées et aux situations nouvelles. Essayer d'avoir des projets nouveaux pour combler les pertes, même si

ce n'est pas facile de faire des projets à un âge avancé. Une personne âgée me disait récemment: "Le pire, ce n'est pas de vieillir, mais de ne pas pouvoir faire de projets d'avenir."

Le vieillissement correspond souvent à une diminution de la capacité de l'organisme à s'adapter.

Vieillir, c'est tout cela et encore plus. Et comme nous sommes des êtres bio-psycho-sociaux (nous ne sommes pas uniquement des tubes digestifs!), il faut travailler à la fois tous ces aspects pour vivre mieux et plus longtemps.

B) LONGÉVITÉ ET ESPÉRANCE DE VIE

Si l'on se fie à l'augmentation de l'espérance de vie et du pourcentage de gens du troisième âge dans notre société, l'on pourrait s'attendre à vivre plus longtemps et en meilleure santé. Ce n'est pourtant pas le cas. Même si le pourcentage de gens qui atteint 65 ans augmente (10 pour 100), ceci est dû à la diminution des naissances plutôt qu'à une augmentation de la durée de vie. L'espérance de vie augmente en raison de la diminution de la mortalité infantile, grâce à l'amélioration des soins de santé et d'hygiène, qui a entraîné la disparition de plusieurs maladies infectieuses.

Si l'on compare l'évolution de la longévité moyenne chez l'humain, nous obtenons un tableau plutôt optimiste:

ÉPOQUE	ESPÉRANCE DE VIE
Paléolithique	26 ans
Néolithique	32 ans
V^{e} au IXe siècle avant J.C.	36 ans
Début du XXe siècle (1900)	48 ans
1970	69 ans
1975	74 ans
1980	76 ans

L'espérance de vie varie également selon le sexe. En Amérique du Nord, l'homme peut s'attendre à vivre 68 ans et la femme 72 ans. Même s'il y a de plus en plus de gens âgés de plus de 65 ans, la qualité de vie ne s'améliore pas pour autant, car les maladies du troisième âge atteignent beaucoup de ces personnes; les maladies cardiaques, le cancer et l'infarctus restent les principales causes de mortalité chez les 65 ans et plus.

Peut-on s'attendre à vivre jusqu'à 100 ans en restant jeune et en forme? Ce serait évidemment le rêve de tous; l'on aimerait bien connaître les secrets de la longévité. La gérontologie, science encore nouvelle, s'applique à faire des recherches pour définir un principe universel du vieillissement et les effets du vieillissement sur l'organisme. "Le vieil âge n'est pas une maladie, c'est une continuation de la vie avec une diminution de la capacité de s'adapter." Pourtant on retrouve environ 30 000 centenaires sur la terre. Quel est leur secret? Quelles sont leurs conditions de vie? Un gérontologue, le docteur Alexander Leaf, a visité les endroits dans le monde où l'on rencontre le plus grand nombre de centenaires et il nous a fait part de ses recherches.

La majorité de ces centenaires vit dans les montagnes, dans les endroits plutôt inaccessibles et loin des grands centres; le niveau de stress est faible et ce sont des gens qui mènent une vie très difficile et qui travaillent très fort physiquement. Ils ont une vie sociale active; ils sont respectés, leur vie est intéressante et ils ont un rôle important à jouer dans la société. On n'y retrouve pas l'ennui, l'isolement, la dépression et la perte d'autonomie qui caractérisent les gens du troisième âge vivant en Amérique du Nord.

On retrouve, dans certaines régions du nord-ouest de la Russie, une population qui regroupe 21 pour 100 de centenaires! Leurs habitudes de vie diffèrent cependant selon les régions. En général, leur régime alimentaire est bas en calories si on le compare aux standards nord-américains et si on tient compte de l'effort physique qu'ils déploient. Puisque les terres ne sont pas très fertiles pour nourrir les animaux domestiques, ils en élèvent peu et par conséquent, ils ne consomment pas beaucoup de viandes ni de produits laitiers, principales sources de gras animal. Quelques-uns sont essentiellement végétariens.

Par contre d'autres centenaires ont une alimentation très variée qui comprend la viande, les produits laitiers, les sucreries et beaucoup de légumes et de céréales; ces gens boivent de l'alcool et fument. Leurs habitudes alimentaires nous font remettre un peu en question le régime préconisé plus haut. L'alimentation est un facteur de prévention, mais certainement pas le seul.

Pour conclure, disons qu'il n'existe pas de régime idéal pour retarder le processus du vieillissement et vivre centenaire. Un régime équilibré fournissant suffisamment de calories pour combler nos besoins nutritifs et énergétiques serait souhaitable. Les substances toxiques, alcool et cigarette compris, devraient être évitées, même si l'on a remarqué que quelques centenaires consommaient de l'alcool et fumaient.

Si vous voulez avoir une idée de votre espérance de vie, faites le test suivant. Bien entendu, il ne faut pas se fier uniquement au résultat obtenu car bien des facteurs n'ont pas été considérés (ex: les accidents), mais cela nous donne une bonne idée de tous les facteurs de longévité. On y remarque que le sexe, l'hérédité, le stress, la pollution, l'isolement et la santé mentale sont des facteurs plus importants que les habitudes alimentaires.

C) CALCULEZ VOTRE ESPÉRANCE DE VIE (Test sur la longévité)

Ce questionnaire est un jeu. Il a été mis au point par des scientifiques américains. Publié dans *Lifegain*, un livre de F. Allen (Appleton Books), il a été repris par *Time Magazine*, le *Nouvel Observateur* et *Science et Technologie.* Les résultats que vous obtiendrez sont évidemment très approximatifs. Le test sert plutôt à identifier les facteurs susceptibles d'augmenter la qualité de la vie et, possiblement, la longévité.

Commencez ce test avec le chiffre 72, puis additionnez et/ou soustrayez les chiffres de la colonne de droite, selon vos réponses.

FACTEURS PERSONNELS

Si vous êtes un homme	−3
Si vous êtes une femme	+4
Si vous habitez dans une ville de plus de 500 000 habitants	−2
Si vous habitez dans une ville de 10 000 habitants ou sur une ferme	+2
Si l'un de vos grands-parents a vécu jusqu'à 85 ans	+2
Si vos quatre grands-parents ont vécu jusqu'à 80 ans	+6
Si l'un de vos parents est décédé d'une crise cardiaque avant 50 ans	−4

Si l'un de vos parents ou frère ou soeur de moins de 50 ans a ou a eu depuis son enfance, un cancer, un diabète ou un problème cardiaque −3

Si vous gagnez plus de 25 000$ par année −2

Si vous avez complété vos études secondaires +1

Si vous avez un diplôme d'études supérieures +2

Si vous avez plus de 65 ans et que vous travaillez encore +3

Si vous habitez avec votre époux(se) ou un(e) ami(e) ou un membre de votre famille +5

Si vous habitez seul(e), enlever 1 pour chaque période de 10 ans passée seul(e) depuis l'âge de 25 ans.

STYLE DE VIE

Si vous avez un travail sédentaire −3

Si votre travail nécessite un effort physique important et régulier +3

Si vous pratiquez intensivement un sport, au moins 30 minutes et 5 fois par semaine +4

Si vous pratiquez intensivement un sport, au moins 30 minutes et de 2 à 3 fois par semaine +2

Si vous dormez plus de 10 heures par nuit −4

Si vous avez un tempérament tendu, agressif, coléreux −3

Si vous êtes facile à vivre et détendu(e) +3

Si vous êtes content(e) en général +1

Si vous êtes généralement mécontent(e) −3

Si vous avez eu une contravention pour excès de vitesse depuis un an	−1
Si vous fumez deux paquets de cigarettes et plus par jour	−8
Si vous fumez entre un et deux paquets par jour	−6
Si vous fumez entre 1/2 et un paquet par jour	−3
Si vous buvez 3 bières par jour ou l'équivalent	−1
Si vous avez un excès de poids de 22,5 kg (56 lb) ou plus	−8
Si vous avez un excès de poids de 13,5 à 22,5 kg (35 à 55 lb)	−4
Si vous avez un excès de poids de 4,5 à 13,5 kg (10 à 34 lb)	−2
Si vous avez plus de 40 ans et que vous passez un examen médical complet par an	+2
Si vous avez entre 30 et 40 ans	+2
Si vous avez entre 41 et 50 ans	+3
Si vous avez entre 51 et 70 ans	+4
Si vous avez plus de 71 ans	+5

Faites le total et le chiffre pourrait (de façon hypothétique) correspondre à votre espérance de vie.

Sans nécessairement se baser sur ce test pour évaluer sa longévité, on peut quand même en retirer les principes à la base d'une qualité de vie supérieure, c'est-à-dire:

- l'hérédité;
- le lieu de résidence;
- la vie sexuelle;
- le degré de scolarité;
- les facteurs socio-économiques;
- l'exercice physique;
- l'absence de stress nuisible;
- l'état psychique;
- la modération dans la consommation d'alcool;
- les habitudes alimentaires;
- ne pas fumer;
- la prévention des accidents;
- la consultation médicale annuelle.

Bien entendu, l'on peut vivre jusqu'à un âge avancé sans observer ces principes, tout comme un non-fumeur peut avoir un cancer du poumon. Mais pourquoi ne pas mettre toutes les chances de son côté?

D) THÉORIES CONCERNANT LE VIEILLISSEMENT

Plusieurs hypothèses ont été émises concernant le vieillissement. En voici quelques-unes:

1re théorie

On se demande si le vieillissement et la mort ne seraient pas transmis selon les lois de l'hérédité, à l'intérieur même de la cellule. Ces propriétés génétiques incluses dans les cellules se manifesteraient seulement après l'âge de la reproduction. (Peter Modawar, prix Nobel 1980)

2e théorie

Leslie Orgel explique le vieillissement par un défaut dans le mécanisme de fabrication des protéines. Les protéines (donc les cellules de l'organisme) se multiplieraient avec des erreurs de plus en plus nombreuses. Mais comment explique-t-on le vieillissement des cellules qui ne se renouvellent pas, comme les cellules du cerveau et du muscle cardiaque?

3e théorie

Un autre chercheur appuie la théorie d'Orgel mais la cause des "erreurs" serait due à de nouvelles substances appelées "gènes" qui se trouvent dans les cellules et qui auraient pour conséquence d'arrêter le processus de fabrication des protéines.

4e théorie

Un autre explique le vieillissement par une diminution de la capacité de l'organisme à se défendre contre les microbes (bactéries, virus, etc.). (Roy L.

Walford de l'Université de Californie à Los Angeles)

5e théorie

Donner Denckla, chercheur de l'Institut Roche au New Jersey, croit que notre cerveau renferme une espèce d'horloge biologique qui, à un moment précis, commanderait la sécrétion d'hormones de mort qui paralyseraient les hormones nécessaires au fonctionnement normal de l'organisme.

6e théorie

La théorie des radicaux libres de Denham Harman: avec le vieillissement, il se formerait des liaisons croisées entre les molécules. Ces molécules brisées attaqueraient les molécules normales et il se formerait des réactions d'oxydation caractéristiques du vieillissement.

7e théorie

Denis Gauvrau et son équipe de l'INRS-Santé, au Québec, ont établi un programme de recherche sur le vieillissement. On y analysera toutes les théories existantes et on essaiera d'établir un modèle type du vieillissement. On se préoccupera surtout du vieillissement du cerveau.

À titre de comparaison, voici un tableau nous indiquant la durée de vie *maximale* de quelques espèces animales*. Il n'y a que la tortue géante qui atteint un âge aussi avancé que l'humain.

ESPÈCES	ANNÉES
Poissons	1 à 60
Amphibies	10 à 50
Tortue géante	100 à 150
Grands oiseaux	30 à 60
Petits rongeurs	1 à 5
Lapin	10 à 15
Chat	30 à 40
Chèvre	15 à 20
Carnivores	10 à 20
Cheval	20 à 40
Chien	10 à 20
Zèbre	40
Singes	25 à 40
Rhinocéros	50
Hippopotame	50
Baleine	30 à 50
Éléphant des Indes	60 à 70
Humain	100 à 120

* Tiré de *Comfort 18*

Certains médicaments ont été essayés en vue de ralentir le processus de vieillissement, mais sans succès. Pour l'instant, seul un médicament synthétisé en France pourrait restaurer un peu les capacités intellectuelles altérées des vieillards séniles, sans avoir trop d'effets secondaires. Il s'agit d'un antioxydant, mais pas encore assez puissant pour contrer les effets de l'oxydation des cellules de l'organisme. La vitamine E, qui est pourtant un bon antioxydant, n'a pas encore été prouvée comme étant efficace pour ralentir le vieillissement. Rien ne sert de prendre des suppléments de cette vitamine.

Ce qui importe, ce n'est pas surtout d'ajouter des années à la vie, mais d'ajouter de la vie aux années que nous vivons. La qualité de vie est le facteur le plus important, et c'est pour cette raison qu'il faut tenir compte à la fois de tous les facteurs qui influencent le vieillissement: physiques, physiologiques, psychologiques, sociaux et économiques. C'est ce que nous verrons dans les pages suivantes.

E) CHANGEMENTS RELATIFS AU VIEILLISSEMENT

Plusieurs changements sont reliés au processus du vieillissement; ils sont d'ordre physiologique (ou biologique), psychologique et social. Mais ces changements n'évoluent pas de la même façon chez tous les individus, de sorte qu'on ne peut pas déterminer à quel moment ils peuvent se produire ni leur vitesse d'évolution. Mais ils peuvent susciter des problèmes d'ordre nutritionnel au niveau de la digestion, de l'absorption, de l'utilisation et de l'élimination des aliments. Voyons ensemble les problèmes reliés au vieillissement, leurs causes et leurs conséquences, ainsi que les solutions possibles.

Changements d'ordre physiologique

Ils se manifestent au niveau des principaux systèmes de l'organisme.

Au niveau cellulaire

Plusieurs cellules de l'organisme meurent et ne se renouvellent pas; donc, il y a une perte de cellules actives. Par exemple, on observe une diminution de tissu musculaire et de tonus musculaire (les tissus sont plus flasques). Malheureusement, ces changements sont irréversibles. Une des conséquences est la diminution du métabolisme basal, c'est-à-dire que l'organisme a besoin de moins d'énergie (de calories) pour assurer ses fonctions vitales (respiration, circulation, digestion, absorption, élimination, etc.). Par conséquent, il faut diminuer son apport énergétique (calorique), c'est-à-dire manger moins, lorsqu'on avance en âge. Il ne faut pas oublier que l'activité physique diminue généralement avec l'âge. La diminution de la force physique (musculaire) est une autre conséquence de la perte de tissu musculaire.

Système osseux

Puisque le vieillissement implique une perte cellulaire au niveau de tout l'organisme, on observe aussi une perte de cellules osseuses. La densité de l'os diminue, ce qui entraîne une maladie appelée ostéoporose qui apparaît vers l'âge de 45 ans et qui s'accentue après 65 ans. Les causes invoquées sont:

1. Le déséquilibre hormonal: ce qui explique que le phénomène est plus fréquent chez les femmes après la ménopause;
2. Une consommation insuffisante de calcium (les produits laitiers en sont la plus grande source) durant toute la vie adulte;
3. Une insuffisance en vitamine D (fournie par le soleil et le lait enrichi en vitamine D);
4. L'immobilité (fréquente au troisième âge);
5. Une consommation trop grande de phosphore compte tenu des carences en calcium. On trouve beaucoup de phosphore dans les boissons gazeuses. Plusieurs additifs alimentaires en contiennent aussi (phosphates).

Afin de prévenir l'ostéoporose, il est recommandé de consommer au moins 2 portions de produits laitiers par jour durant toute sa vie adulte et d'augmenter son activité physique.

Système digestif

Toutes les parties du système digestif subissent des changements plus ou moins marqués: bouche, estomac, intestin, foie, pancréas.

1. AU NIVEAU DE LA BOUCHE

La sécrétion de salive diminue. Les produits céréaliers sont moins bien digérés puisque la salive est riche en ptyaline, un enzyme qui débute le processus de digestion de l'amidon. La diminution du goût est due à la réduction des papilles gustatives; ce phénomène explique en partie pourquoi les gens âgés trouvent que les aliments n'ont pas le même goût que durant leur jeunesse. La diminution du goût et de l'odorat augmente les risques d'intoxication alimentaire car un début de détérioration de l'aliment peut passer inaperçu; il est bien important de respecter les dates de conservation et de fraîcheur des aliments pour éviter ces problèmes.

La mastication des aliments est souvent insuffisante, en raison d'une mauvaise dentition ou de prothèses dentaires mal ajustées; les aliments mal mastiqués sont moins bien digérés. N'oublions pas que l'estomac n'a pas de dents! Dans ce cas, on recommande de manger des aliments de consistance molle, de hacher ou de râper très finement les crudités et les viandes. À cet effet, un mélangeur ou un robot culinaire constituerait un bon investissement.

L'on observe également une diminution de la soif, ce qui peut conduire à une déshydratation plus ou moins sévère et à des problèmes de constipation. Laisser toujours un verre ou un pot d'eau à portée de main est une façon de penser à boire; et si l'on n'a pas soif, pourquoi ne pas sucer des glaçons entre les repas ou ne pas débuter le repas par une soupe, un bouillon ou un jus?

2. *AU NIVEAU DE L'ESTOMAC*

Les sécrétions diminuent aussi. La digestion des aliments est donc plus lente. L'acidité gastrique diminue, ce qui affecte l'absorption du calcium et du fer puisque ces deux minéraux sont mieux absorbés en milieu acide. Le mécanisme d'absorption de la vitamine B_{12} ralentit lui aussi au fil du temps. Les aliments séjournent plus longtemps dans l'estomac. Celui-ci se vide plus lentement, ce qui ralentit encore plus la digestion. Pour remédier à ces inconvénients, on recommande de consommer des aliments qui se digèrent rapidement (ceux qui contiennent peu de gras) et de manger de plus petites quantités, mais plus souvent durant la journée. Par exemple: de petits repas et des collations légères.

3. *AU NIVEAU DE L'INTESTIN*

Le péristaltisme (les mouvements de l'intestin) se font plus lentement, ce qui favorise la constipation. Les problèmes de constipation se retrouvent chez la moitié de la population âgée. La constipation peut être causée aussi par une alimentation trop pauvre en fibres (fruits et légumes, fèves et pois secs, céréales à grains entiers, noix et graines).

- *Un manque de liquide*: il faudrait boire au moins de 6 à 8 verres d'eau par jour. Si vous n'avez pas soif, buvez de petites gorgées à la fois, mais souvent durant la journée; ou encore sucez des glaçons entre les repas. Une bonne façon d'augmenter l'apport en liquides est de prendre une soupe, un bouillon ou un jus au début du repas, de boire des tisanes, des jus, du lait ou des boissons chaudes à base de céréales aux repas ou entre les repas.

- *Un manque d'exercice physique*: les personnes sédentaires (peu actives) ont plus de problèmes de constipation. Une marche ou un sport léger ou quelques exercices physiques ou massages de l'abdomen peuvent diminuer les problèmes de constipation.
- *Le stress* peut également être une cause de constipation. Essayez de vous réserver quelques périodes de détente et de relaxation au cours de la journée.
- *L'abus de laxatif*: les laxatifs habituent l'intestin à ne pas travailler. Les muscles de l'intestin s'affaiblissent et le mouvement intestinal se fait plus lentement.

Les céréales de son, les fruits séchés consommés le matin, les pruneaux et le jus de pruneaux constituent des laxatifs naturels non dangereux si vous ne souffrez pas d'une irritation intestinale. Si vous souffrez de troubles intestinaux, essayez un verre d'eau tiède à jeun le matin.

Avec l'âge, environ le quart de la population âgée peut souffrir d'une intolérance au lait. Ceci est dû à la diminution ou à l'absence d'une substance appelée enzyme qui sert à digérer le sucre contenu dans le lait (le lactose). Si vous remarquez que l'ingestion de produits laitiers vous cause constamment des diarrhées, consultez votre médecin. Les personnes qui ne tolèrent pas les produits laitiers doivent prendre des suppléments de calcium, de riboflavine et de vitamine D.

Les sécrétions intestinales servant à la digestion des aliments sont également réduites, ce qui diminue l'absorption de certains éléments nutritifs comme le fer, le calcium et la vitamine B_{12}.

4. AU NIVEAU DU FOIE

Les sécrétions biliaires diminuent. La bile étant nécessaire à la digestion des matières grasses, on observe souvent une difficulté à digérer les aliments gras. Les personnes âgées doivent donc éviter les fritures, le gras de viande, les charcuteries, les pâtisseries, ainsi que l'excès de beurre ou de margarine sur le pain et pour la cuisson. L'on recommande aussi l'utilisation de produits laitiers semi-écrémés ou complètement écrémés.

5. AU NIVEAU DU PANCRÉAS

On observe une augmentation du diabète chez les personnes âgées car il y a une diminution de la sécrétion de l'insuline par le pancréas. L'insuline est une hormone servant à diminuer le taux de sucre dans le sang lorsque celui-ci s'élève après un repas. L'autre facteur favorisant le diabète est le fait que les cellules de l'organisme utilisent moins bien le sucre; donc celui-ci reste plus élevé dans le sang. La meilleure solution est de diminuer sa consommation de sucre et d'aliments riches en sucre (pâtisseries, boissons gazeuses, biscuits sucrés, etc.). Consultez votre médecin si vous observez régulièrement les symptômes suivants: soif intense, faim intense, envie d'uriner fréquente. Ce sont les principaux signes avant-coureurs du diabète.

Les substances digestives sécrétées par le pancréas ont tendance à diminuer et les éléments nutritifs seront donc moins bien absorbés.

Au niveau sensoriel

Les principaux sens affectés sont la vue, l'odorat et le goût. Les papilles gustatives (responsables du goût) situées sur la langue diminuent, et l'on détecte ainsi moins bien la saveur des aliments. Ce sont surtout les papilles responsables des saveurs sucrées et salées qui diminuent: on a donc tendance à sucrer et à saler davantage les aliments. C'est aussi pour cette raison que plusieurs personnes trouvent que les mêmes aliments qu'elles mangeaient durant leur enfance n'ont pas la même saveur; contrairement à ce que l'on pense, ce ne sont pas toujours les transformations des aliments qui en sont responsables, mais bien les modifications au niveau du goût. Et il semble que le goût du sucre est celui que l'on goûte le plus tôt dans la vie et celui que l'on conserve le plus longtemps au troisième âge.

Le sens de l'odorat diminue en général de sorte que l'on détecte moins les odeurs. Étant donné la diminution du goût et de l'odorat, les personnes âgées sont plus vulnérables aux empoisonnements alimentaires car un début de détérioration de l'aliment peut passer inaperçu. Respectez bien les indications en ce qui a trait au mode et à la durée de conservation des aliments (voir le Guide d'entreposage des aliments à la page 71).

Il est important de vérifier également la date de fraîcheur inscrite sur l'emballage des produits dont la durée de conservation est inférieure à 90 jours. L'étiquette indique "meilleur avant...". Deux exceptions à la règle:

- *Viandes, volailles et poissons frais ou surgelés*: la date indiquée sur l'emballage signifie la date d'emballage de l'aliment (produits frais) et la date de surgélation (produit surgelé).
- *Fruits et légumes*: l'emballage ne mentionne aucune date de conservation, d'emballage ou de fraîcheur. Il faut donc se fier à l'état de fraîcheur à l'achat ainsi qu'au Guide d'entreposage des aliments (voir page 71).

La vue diminue graduellement avec l'âge, ce qui rend plus difficile la lecture des étiquettes des produits alimentaires. La liste des ingrédients est souvent inscrite en petits caractères. Une petite loupe peut être utile lorsque vous faites vos achats. N'oubliez pas que les ingrédients sont toujours inscrits dans l'ordre décroissant de leur proportion; c'est-à-dire que l'ingrédient qui est présent en plus grande quantité sera inscrit le premier sur l'étiquette, et celui que l'on retrouve en moins grande quantité sera inscrit en dernier.

Au niveau rénal

Des changements se produisent au niveau des reins. Une quantité moins importante de sang passe par ces organes qui deviennent moins aptes à filtrer le sang, à concentrer et à diluer l'urine.

Au niveau cardio-vasculaire

Les vaisseaux sanguins (veines et artères) deviennent moins élastiques et leurs parois s'épaississent, évoluant ainsi vers l'athérosclérose (durcissement des vaisseaux sanguins. La conséquence est une augmentation de la tension artérielle. Les personnes souffrant d'hypertension artérielle doivent éviter le sel, ainsi que tous les aliments riches en sodium:

- charcuterie (saucisses, viandes pressées, bacon, boeuf fumé, jambon, pâtés de foie, cretons, salami, pepperoni, lard salé, etc.);
- marinades, olives, ketchup, moutarde, relish;
- bouillons et extraits de viande (en cubes, en poudre, concentrés, en conserve);
- sauces soya, Worcestershire, Bovril, sauces brunes;

- sel de table, sel d'ail, sel d'oignon, (remplacer par les épices et fines herbes, poudre d'ail, poudre d'oignon);
- biscuits soda et autres biscuits salés, croustilles, beurre d'arachide salé;
- noix, arachides et levure chimique (*soda à pâte*) (ainsi que les aliments qui en contiennent);
- mets préparés en général (lire les étiquettes);
- conserves commerciales (sauf fruit et jus);
- la plupart des eaux minérales (lire les étiquettes: le sodium est inscrit sous la formule Na. Éviter si Na est plus élevé que 50 ppm).

N.B. Plusieurs médicaments tels que les laxatifs, les antiacides et les sirops pour la toux sont riches en sodium. Demander à un pharmacien le médicament le plus faible en sodium si ce médicament est essentiel.

Au niveau de la peau

L'eau qui se trouve à l'intérieur des cellules diminue, ce qui peut causer la déshydratation (sécheresse) de la peau. La déshydratation peut être causée par d'autres facteurs tels que l'environnement sec et surchauffé des maisons et des institutions, les vomissements ou diarrhées, les diurétiques et laxatifs, et la diminution de la sensation de soif. On n'insistera jamais assez sur l'importance de boire beaucoup d'eau durant la journée (au moins de 6 à 8 verres).

Par contre, on retrouve une plus grande quantité d'eau à l'extérieur des cellules, ce qui cause la cellulite. Pour éviter que l'organisme ne retienne trop d'eau dans les tissus, il faut diminuer sa consommation de sel. Attention aux produits commerciaux contre la cellulite (ex.: crèmes, pilules, injections); ils sont souvent coûteux et inefficaces. Il faut également éviter de prendre des diurétiques (médicaments pour éliminer l'eau) sans l'avis du médecin.

Changements d'ordre psychologique et social

Les principaux problèmes amenant des changements à ce niveau sont l'isolement social et la perte d'autonomie.

L'isolement social influence de plusieurs façons l'état de nutrition de la personne âgée. Avec l'âge, l'espace social se rétrécit: le départ des enfants, la perte du conjoint ou des amis et la séparation d'avec les compagnes et compagnons de travail créent un climat de solitude et d'ennui. Cela se manifeste par un état d'anxiété et de dépression où la personne perd l'appétit et le goût de manger ainsi que l'intérêt à cuisiner. Un repas pris seul sur le pouce est beaucoup moins agréable et stimulant qu'un repas pris en famille ou en groupe autour d'une table bien mise. D'après certaines études, on constate, lors de la reprise d'une vie à deux (ex: remariage), une nette amélioration des comportements alimentaires. Une deuxième constatation est le fait que l'on mange et que l'on digère différemment lorsqu'on est seul ou avec les siens ou en milieu étranger. Il est donc important de briser la solitude lors des repas par différents moyens (voir chapitre 6).

La perte graduelle d'autonomie peut amener la personne âgée à avoir besoin d'aide pour manger. Plusieurs refusent cette perte d'autonomie et refusent l'aide pour se nourrir. À la longue, la malnutrition s'installe. La personne âgée a besoin d'être autonome dans la réalisation de ses besoins et il est important de maintenir le plus longtemps possible un certain degré d'autonomie essentiel au bien-être psychologique de la personne âgée.

L'on assiste également à la non-évolution des habitudes alimentaires avec l'âge. Même si la vie active diminue, plusieurs refusent de changer leur façon de se nourrir, ce qui conduit à long terme à une augmentation du poids. Ceci peut s'expliquer par le besoin de permanence et de stabilité qui prend plus d'importance dès l'apparition de la quarantaine. On ne devrait pas essayer de changer de façon radicale les habitudes alimentaires, mais plutôt opter pour un changement lent et progressif.

Changements d'ordre socio-économique

Les habitudes alimentaires varient en fonction du revenu des personnes âgées. Un faible revenu peut engendrer un régime routinier, peu équilibré et trop riche en sucres et en féculents, ces derniers étant moins coûteux que les viandes, les fruits, les légumes et les produits laitiers. Les personnes âgées qui sont seules vivent presque sous le seuil de la pauvreté. Ce sont particulièrement les femmes qui sont affectées puisqu'en général elles vivent plus longtemps que les hommes. Environ 62 pour 100 des femmes âgées vivent sous le seuil de la pauvreté. Le couple s'en tire un peu mieux car les conjoints peuvent partager les dépenses fixes telles que le logement.

Les personnes âgées vivant seules dépensent plus pour se nourrir, et ce pour différentes raisons:

- l'achat de petits formats augmente le coût du panier d'épicerie;
- on achète souvent des aliments préparés car les personnes seules ont moins le goût de cuisiner;
- la perte d'aliments dont la durée de conservation est courte est chose courante. On estime que cela coûte 35 pour 100 plus cher à une personne seule pour se nourrir.

Plusieurs n'ont plus la capacité physique de s'approvisionner dans les supermarchés et achètent leurs aliments au dépanneur le plus près où les aliments sont plus chers. D'autres s'approvisionnent à la petite épicerie du coin, n'ayant pas de moyen de transport, ou doivent prendre un taxi ou l'autobus pour faire leurs achats.

La hausse du prix des loyers qui affecte durement ce groupe de notre population oblige les personnes âgées à réduire leurs dépenses alimentaires, ce qui nuit inévitablement à la qualité de leur alimentation.

Deux études-pilotes ont été menées durant l'été 78 et l'été 80. L'on a comparé la consommation alimentaire d'un groupe du centre-ville de Montréal, où se concentrent les personnes âgées, avec un autre groupe d'une cinquantaine de retraités d'un milieu aisé de Montréal. Les résultats qui se dégagent de cette étude sont les suivants:

- les calories sont insuffisantes pour tous les groupes indépendamment du revenu;
- les protéines sont à peine suffisantes chez les hommes à faible revenu;
- le calcium et la vitamine D sont nettement insuffisants (32 pour 100 des gens à faible revenu ne consomment plus de lait);
- les besoins en fer sont comblés seulement si le revenu est suffisant;
- les vitamines A et C sont à peine suffisantes chez les hommes à faible revenu;
- la thiamine (B_1), la riboflavine (B_2) et la niacine (B_3) sont également insuffisantes chez les groupes à faible revenu;
- la consommation de fromage, de lait, de légumes et de fruits dépend en partie de l'importance du budget alloué à l'alimentation;
- le poisson et les oeufs, qui sont pourtant moins chers que les viandes, sont moins populaires chez les groupes défavorisés que chez les retraités provenant du milieu aisé.

VOICI EN RÉSUMÉ LES RÉSULTATS DE CETTE ÉTUDE:

TABLEAU 1: Pourcentage des femmes de l'étude qui ne satisfait pas les standards canadiens de nutrition:

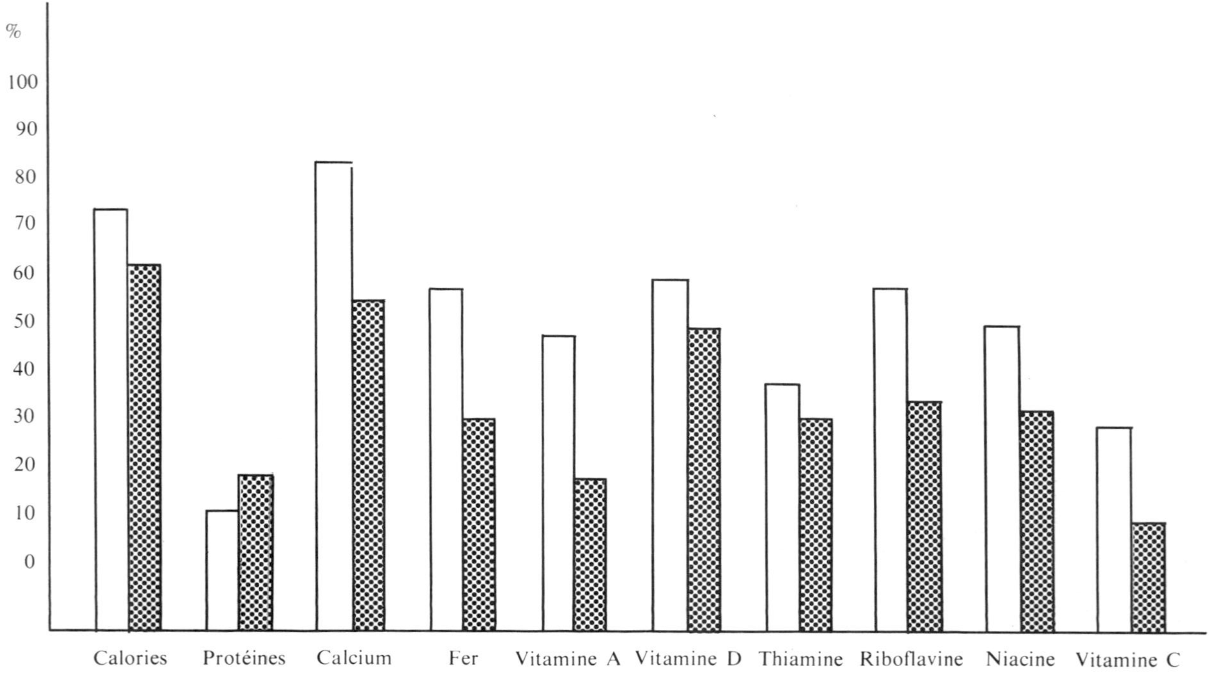

Colonne blanche: recommandations standard
Colonne foncée: consommation réelle

TABLEAU 2: Pourcentage des hommes de l'étude qui ne satisfait pas les standards canadiens de nutrition:

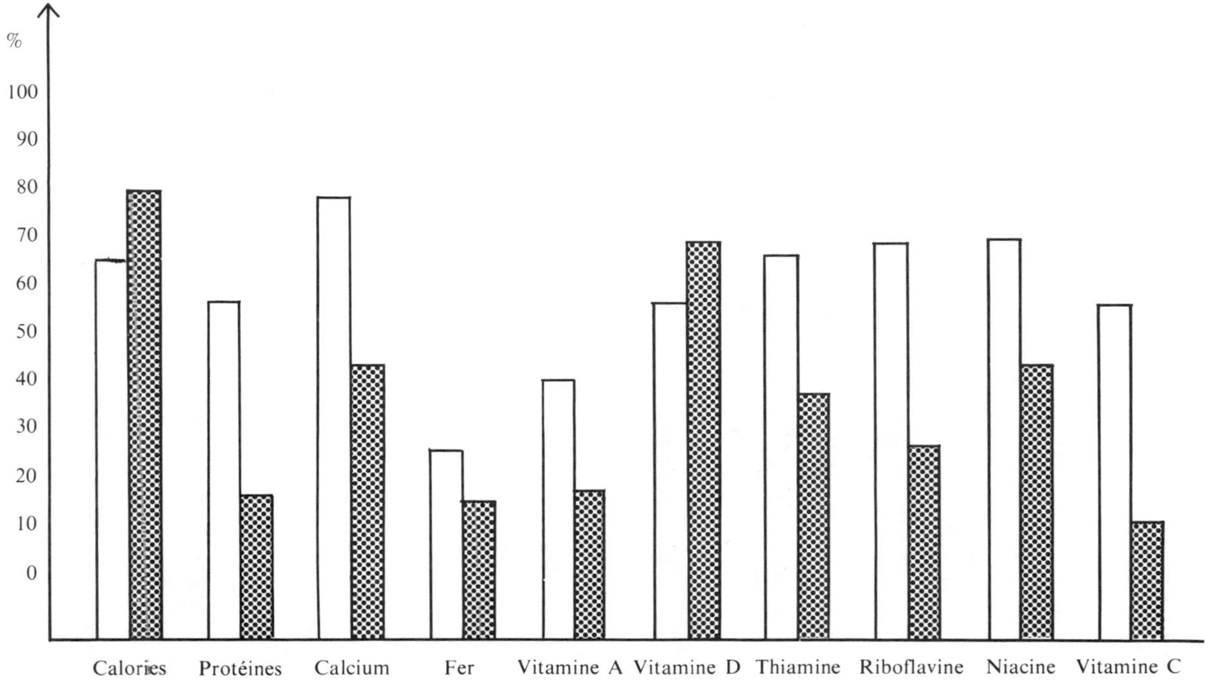

Colonne blanche: recommandations standard
Colonne foncée: consommation réelle

F) BESOINS NUTRITIFS AU TROISIÈME ÂGE

Puisque plusieurs changements sont occasionnés par le vieillissement, les besoins nutritifs de la personne âgée diffèrent un peu de ceux de l'adulte. Qualitativement, les besoins seront les mêmes, mais ils seront légèrement plus élevés si l'on tient compte des défauts de digestion, d'absorption et d'utilisation des éléments nutritifs. Il ne faut pas oublier non plus que l'apport calorique des personnes âgées étant faible, celles-ci sont plus vulnérables aux carences alimentaires.

Les personnes âgées les plus vulnérables au niveau de la nutrition sont celles qui souffrent d'un handicap physique et mental à cause de:

- leur incapacité à préparer les repas et leur manque d'habileté à cuisiner;
- la perte d'appétit relative à des handicaps mentaux ou physiques;
- l'isolation sociale qui produit apathie et dépression;
- l'état de pauvreté;
- les régimes thérapeutiques inappropriés;
- les problèmes gastro-intestinaux;
- l'alcoolisme.

Voyons maintenant les besoins des personnes âgées pour chaque élément nutritif et les maladies reliées aux carences (manques) qui peuvent être décelées.

L'énergie (les calories)

Étant donné la diminution du métabolisme basal (énergie requise pour les fonctions vitales) et de l'activité physique, l'organisme a besoin d'une moins grande quantité d'aliments. L'on recommande quotidiennement de 1500 à 1800 calories (6000-7600 kilojoules) pour les femmes et de 2000 à 2300 calories (8400-9600 kilojoules) pour les hommes. Les enquêtes nutritionnelles rapportent que les personnes âgées consomment moins de calories que ces recommandations, et pourtant l'on observe un taux élevé d'obésité et d'embonpoint. Ceci serait dû à la réduction de l'activité physique. On recommande donc l'augmentation graduelle du degré d'activité physique chez les personnes âgées (ex.: marche et danse) plutôt que la diminution de l'apport alimentaire qui est déjà faible. L'exercice peut aider à diminuer le poids et à améliorer l'appétit des personnes âgées, sans oublier son effet positif pour lutter contre le stress et améliorer la capacité cardio-vasculaire. Il est préférable de consulter un médecin et un éducateur physique avant d'entreprendre un programme régulier de sport et/ou de conditionnement physique.

Les protéines

On recommande de 0,8 à 1 g de protéines par jour par kilogramme de poids corporel. Les gens âgés (surtout les femmes) n'en consomment pas suffisamment.

Exemple: femmes de 60 kg (130 lb) — de 48 à 60 g par jour
hommes de 70 kg (150 lb) — de 56 à 70 g par jour

Avec 2 portions de produits laitiers et 175 g (6 onces) de viande ou de substituts et 5 portions de pain et céréales par jour, on arrive à ces recommandations.

Les glucides (sucres)

Les personnes âgées aiment les sucreries. On constate que 10 pour 100 des personnes âgées de 40 ans et plus souffrent de diabète (souvent causé par l'obésité). La politique québécoise en matière de nutrition recommande la diminution de 50 pour 100 de la consommation de sucres. Les meilleures sources de glucides devraient être les féculents (pain, pomme de terre, pâtes alimentaires, riz et autres céréales, muffins), les fruits, les légumes et les produits laitiers. Par contre, il serait souhaitable de réduire sa consommation de sucreries (sucre, sirop, confiture, miel, mélasse, gelée, caramel, bonbons, chocolat, produits de l'érable, etc.), de pâtisseries et de boissons gazeuses. Contrairement à la croyance populaire, le pain, les pommes de terre et les pâtes alimentaires ne font pas grossir s'ils sont consommés en quantité raisonnable.

Les lipides (graisses)

Toujours selon l'enquête Nutrition Canada, 50 pour 100 des femmes et 10 pour 100 des hommes ont un taux de cholestérol (corps gras se retrouvant dans le sang) supérieur à la moyenne. Ceci serait dû à la consommation trop élevée de calories dans le passé et à une nouvelle vie trop sédentaire. D'après les résultats des études récentes, le taux élevé de cholestérol sanguin serait un facteur de risque important des maladies du coeur qui causent 50 pour 100 des décès au Québec.

Nous aurions avantage à réduire de 25 pour 100 notre consommation de matières grasses (particulièrement les graisses d'origine animale) par ces méthodes:

- réduire notre consommation de viande;
- remplacer les fritures par des grillades, des mets cuits au four ou bouillis;
- dégraisser les bouillons, soupes et sauces;
- utiliser peu de beurre ou de margarine sur le pain et pour la cuisson;
- consommer des produits laitiers complètement ou partiellement écrémés;
- remplacer les pâtisseries par des desserts à base de lait ou de fruits;

- éviter l'excès de chocolat, de mayonnaise, de vinaigrettes et de sauces.

Le calcium

L'apport en calcium est à peine suffisant chez les gens âgés de 65 ans et plus. La majorité ne consomme pas suffisamment de produits laitiers, source essentielle de calcium. Un minimum de 2 portions de produits laitiers par jour est nécessaire pour prévenir une maladie très fréquente au troisième âge: l'ostéoporose. Environ 80 pour 100 des femmes âgées aux États-Unis en souffrent.

L'ostéoporose se manifeste par une diminution de la masse osseuse. Cette diminution commence à se faire sentir à partir de 45 ans et s'accentue après 65 ans. Les os perdent du calcium et sont plus fragiles; c'est pour cette raison que les gens âgés sont plus vulnérables aux fractures.

Lorsque les os du squelette deviennent moins résistants, ils sont plus susceptibles de se fracturer; les os de la colonne vertébrale sont écrasés, ce qui cause un rétrécissement de la taille; c'est pour cette raison que les personnes âgées peuvent raccourcir de plusieurs centimètres et si leur état s'aggrave, on remarque une déviation marquée dans le haut du dos, vers l'avant (on l'appelle communément "bosse de bison"). L'ostéoporose peut causer des fractures de la hanche et peut même aggraver les maladies respiratoires et les maladies du coeur à cause d'une déformation de la poitrine.

Même si l'ostéoporose est fréquente au troisième âge, ce n'est pas une maladie qui est causée seulement par le vieillissement. Plusieurs facteurs en sont la cause.

L'état de nutrition

Si l'on manque de calcium durant une longue période, les os se déminéralisent; il est donc très important de prendre suffisamment de produits laitiers durant toute la vie adulte et au troisième âge. La vitamine D aide à fixer le calcium sur les os; on la trouve dans le lait enrichi; toutes les sortes de laits offerts à l'épicerie sont enrichis de vitamine D. Par contre le lait provenant directement de la ferme, le yogourt commercial, le fromage et la crème glacée ne sont pas enrichis de vitamine D. Cette vitamine nous est fournie par les rayons du soleil qui transforme la vitamine D inactive qui se trouve dans les tissus de notre peau en vitamine D active. La vitamine C ou acide ascorbique peut favoriser l'absorption intestinale du calcium car celui-ci est mieux absorbé en milieu acide.

Si notre régime alimentaire est riche en phosphore (viandes, boissons gazeuses), le calcium sera moins bien absorbé. On devrait donc diminuer sa consommation de viande et éviter les boissons gazeuses. Certains médicaments (comme les antiacides, servant à réduire l'acidité de l'estomac) diminuent l'absorption du calcium.

D'autres facteurs peuvent réduire l'absorption du calcium: un régime trop élevé en fibres (surtout chez certains végétariens) et l'apport élevé en caféine. Donc tout ce qui contient de la caféine pourrait aggraver l'ostéoporose: café, thé, chocolat, cola.

Les hormones

L'ostéoporose est beaucoup plus fréquente à la ménopause à cause des changements hormonaux. Environ le quart des femmes ménopausées sont atteintes d'ostéoporose. Le facteur le plus important serait le manque d'oestrogènes (hormones femelles). Les pilules d'hormones à base d'oestrogènes, après la ménopause, contribueraient à ralentir le processus d'ostéoporose, mais les spécialistes ne s'entendent pas encore à l'heure actuelle sur cette question. Il semble que l'on pourrait arriver au même résultat en augmentant la consommation de produits laitiers quand c'est possible; sinon les suppléments de calcium seraient une autre solution bien qu'ils soient très coûteux. Il est quand même préférable de prendre des suppléments que de se déminéraliser.

L'exercice physique

L'immobilisation augmente l'excrétion du calcium. Tout comme les muscles, les os qui ne servent pas s'affaiblissent et deviennent plus fragiles. Des études récentes ont prouvé que les programmes d'exercices physiques peuvent ralentir le processus de l'ostéoporose.

Pour prévenir l'ostéoporose, il est très important de prendre suffisamment de produits laitiers chaque jour et de faire un peu d'exercice physique. Des aliments autres que les produits laitiers fournissent un peu de calcium, mais il faudrait en manger tellement que ce ne serait pas possible. Par exemple, pour remplacer 250 ml (1 tasse) de lait ou 45 g (1 1/2 once) de fromage, il faudrait manger:

- 15 tranches de pain

  ou
- 29 pommes ou bananes

  ou
- 22 pommes de terre

  ou
- 2 kg (5 lb) de poulet ou de boeuf

  ou
- 10 oeufs

  ou
- 3,25 l (13 tasses) de riz ou de gruau.

Par contre, le thon et le saumon en conserve (avec les os) sont une bonne source de calcium; il ne faut quand même pas en abuser car ils sont riches en sel (sodium).

Les produits laitiers suivants représentent une portion, et il est recommandé d'en prendre au moins 2 ou 3 portions par jour pour arriver aux recommandations des standards, c'est-à-dire environ 1000 mg par jour et de 1200 à 1500 mg par jour pour les femmes ménopausées (1 portion supplémentaire).

1 portion

- 250 ml (1 tasse) de lait

  ou
- 250 ml (1 tasse) de yogourt

  ou
- 250 ml (1 tasse) de fromage cottage

  ou
- 45 g (1 1/2 once) ou 1 cube de 2,5 cm (1 pouce) de fromage cheddar, suisse, Mozarella, Gouda, Oka, Edam, Brick, etc.

  ou
- 60 g (2 onces) ou 60 ml (1/4 tasse) de fromage à tartiner

  ou
- 435 ml (1 3/4 tasse) de crème glacée ou de lait glacé

  ou
- 125 ml (1/2 tasse) de lait évaporé

  ou
- 75 ml (5 c. à table de poudre de lait

  ou
- 250 ml (1 tasse) de pouding au lait, blanc-manger ou flan

  ou
- 250 ml (1 tasse) de soupe crémeuse (préparée avec lait)

  ou
- 250 ml (1 tasse) de béchamel

N.B. Les personnes qui surveillent leur poids, qui ont un taux de cholestérol sanguin élevé ou qui ont des troubles de foie ou de la vésicule biliaire auraient avantage à consommer des produits laitiers maigres. De toute façon, plus les produits laitiers sont maigres, plus ils sont riches en calcium et en protéines. Par contre, la crème et le beurre, même s'ils sont des produits laitiers, n'entrent pas dans cette catégorie puisqu'ils ne contiennent presque pas de calcium. (Ex.: il faudrait 750 ml (3 tasses) de beurre pour avoir l'équivalent en calcium de 250 ml (1 tasse) de lait.)

Le fer

À la ménopause, les besoins en fer sont identiques chez la femme et chez l'homme. Le fer semble déficient surtout chez les hommes âgés. Le fer est un minéral important dans la prévention de l'anémie car il est l'élément essentiel de l'hémoglobine (protéine principale des globules rouges) qui transporte l'oxygène du sang aux cellules. On retrouve du fer principalement dans le foie, les viandes rouges, le jaune d'oeuf, les céréales à grains entiers et enrichies (surtout la crème de blé qui est très enrichie en fer), les fruits séchés, le jus de pruneaux, les pois secs et les fèves sèches et, à un degré moindre, les légumes verts.

La vitamine C aide à l'absorption du fer (surtout pour les aliments riches en protéines) en formant un complexe soluble plus facile à absorber. En mangeant un aliment riche en vitamine C à chaque repas, le fer sera mieux absorbé; les aliments riches en vitamine C sont énumérés un peu plus loin à la page 53.

Certaines substances peuvent diminuer l'absorption du fer:

- Les antiacides.
- Le thé: il contient une substance appelée tanin qui se lie au fer et empêche son absorption. On recommande de ne pas prendre de thé au repas, mais plutôt entre les repas ou deux heures après avoir mangé.
- Un excès de fibres (chez certains végétariens).

La vitamine B_{12} et l'acide folique (deux vitamines du groupe B) aident à prévenir l'anémie. L'acide folique est présente dans le foie, les oeufs, le lait et les légumes verts. La vitamine B_{12} se retrouve aussi dans ces aliments sauf dans les légumes car c'est une vitamine qui se trouve uniquement dans les aliments d'origine animale. Les végétariens stricts, qui ne consomment ni oeufs ni produits laitier, sont susceptibles de manquer de vitamine B_{12}. D'après Nutrition Canada, l'on a observé que l'acide folique est insuffisant surtout chez les gens âgés.

La vitamine C (ou acide ascorbique)

On a remarqué que la déficience en vitamine C augmente avec l'âge, surtout chez les hommes. Cette vitamine est importante pour conserver les dents et les gencives saines, pour garder la paroi des vaisseaux sanguins en bonne condition, pour aider à la cicatrisation de même qu'à l'absorption du fer et du calcium.

Les meilleures sources de vitamine C sont:

- oranges, citrons, pamplemousses, mandarines, clémentines, limes, et le jus de ces fruits;
- jus de fruits vitaminé: pommes, ananas, pruneaux, canneberges (vérifier si l'étiquette indique: vitamine C ou acide ascorbique ajouté);
- fraises, framboises, mûres;
- melon d'eau, cantaloup, melon miel;
- tomates, jus de tomates et de légumes, poivron vert ou rouge;
- chou, chou-fleur, choux de Bruxelles, brocoli.

La vitamine C est détruite à la chaleur, à l'oxygène de l'air, à la lumière et elle est dissoute dans l'eau de cuisson. Pour ces raisons, il est important de manger ces fruits et légumes crus le plus souvent possible ou de les faire cuire le moins longtemps possible à la vapeur ou dans très peu d'eau et d'éviter de les laisser tremper dans l'eau avant ou après la cuisson. L'eau de cuisson peut faire d'excellentes soupes et l'on récupère ainsi une partie des vitamines et des minéraux. Il est préférable d'acheter ses jus de fruits dans des contenants opaques (qui ne laissent pas passer la lumière) et de les conserver à l'abri de la lumière, au froid, dans des contenants qui ferment hermétiquement.

On a observé que les fumeuses et les fumeurs ont besoin de deux fois plus de vitamine C que les gens qui ne fument pas, car il semble que la nicotine diminue l'absorption intestinale du calcium. Chez les personnes qui fument moins de 20 cigarettes par jour, le taux de vitamine C dans le sang diminue de 25 pour 100. Chez celles qui fument plus de 20 cigarettes par jour, le taux diminue de 40 pour 100. Mais cela ne signifie pas que les gens qui fument doivent prendre des suppléments de vitamine C. Ils doivent plutôt augmenter leur consommation de fruits et légumes riches en vitamine C (mentionnés plus haut).

Il n'est pas prouvé à l'heure actuelle que la vitamine C prévient ou guérit la grippe ou le cancer. Il ne sert à rien de prendre des suppléments de cette vitamine puisqu'on ne la met pas en réserve dans l'organisme et qu'on élimine le surplus; les suppléments constituent une dépense inutile. On déconseille l'ingestion de doses très fortes de vitamine C sur une longue période sans surveillance médicale. Il est préférable et plus agréable de consommer plus d'aliments riches en vitamine C que de prendre des suppléments.

Autres vitamines: A, B, E et minéraux

L'apport en vitamine A, B, et B_2 semble faible chez les personnes âgées et les tests sanguins le confirment. Quant à la vitamine E, aucune carence n'a été observée; contrairement à la croyance populaire, les études récentes n'apportent aucune preuve que les besoins en vitamine E augmentent avec le vieillissement.

Le potassium est un minéral important pour le fonctionnement musculaire et pour le coeur (qui est un muscle). Les personnes qui prennent des diurétiques (médicaments pour éliminer l'eau souvent prescrits aux personnes souffrant d'hypertension et de maladies cardiaques) doivent surveiller leur consommation d'aliments riches en potassium. Les meilleures sources sont: la banane, la pomme de terre, le cantaloup, le chou de Bruxelles, la patate douce, l'orange, le pamplemousse et leur jus, les fruits séchés (raisins secs, dattes, pruneaux) et le jus de pruneaux.

Le magnésium est un minéral que l'on retrouve surtout dans les légumes verts, le pain et les céréales à grains entiers, les noix et les grains. Les études récentes démontrent que le magnésium peut avoir un effet sur le degré de stress. Des recherches effectuées sur des animaux de laboratoire démontrent une plus grande sensibilité au stress lors de déficiences en magnésium; le système nerveux serait alors plus sensible aux substances stressantes. Une carence en magnésium, en présence de stress, pourrait même être un facteur prédisposant aux maladies cardiaques et aux ulcères d'estomac.

Les fibres

Depuis quelque temps on s'intéresse beaucoup au rôle des fibres dans l'alimentation. Les fibres représentent toutes les parties d'un aliment qui ne sont pas digérés par l'organisme, elles passent tout droit dans l'intestin et augmentent la quantité de résidus. Plus il y a de résidus dans l'intestin, plus la musculature de l'intestin travaille et moins il y a de risques de constipation. Les fibres sont nombreuses dans les fruits et les légumes (surtout crus et avec la pelure) et dans le pain et les céréales à grains entiers. Pour les personnes âgées qui ont de la difficulté à mastiquer ou à digérer les crudités, il serait préférable de cuire les légumes ou de les passer au mélangeur pour en faire des purées ou des potages.

Les fibres sembleraient avoir un rôle à jouer dans la prévention du cancer du côlon. Ce type de cancer est le deuxième en importance après le cancer du sein chez les femmes et le cancer du poumon chez l'homme. L'hypothèse serait la suivante: le manque de fibres cause la constipation, donc les substances toxiques devant être éliminées séjournent longtemps au contact de la paroi intestinale; les bactéries se multiplient et décomposent les sels biliaires en substances qui pourraient être cancérigènes. Mais cette théorie reste à être prouvée.

Notons que 50 pour 100 de la population souffrent de constipation chronique et font usage de laxatifs.

D'autres hypothèses émises par des chercheurs des États-Unis et de Grande-Bretagne mentionnent que les fibres empêchent l'élévation du taux de gras dans le sang et, par conséquent, protègent contre les maladies du coeur. Une deuxième théorie: les fibres aideraient à mieux contrôler le diabète en diminuant la vitesse d'absorption des glucides (sucres). Elles aideraient aussi à contrôler l'embonpoint et l'obésité en créant une barrière intestinale contre l'absorption d'une quantité trop élevée de calories.

Par contre, on ne doit pas ingérer les fibres en quantité trop importante, surtout au début lorsque l'intestin n'est pas adapté à cet excès de résidus. Trop de fibres peuvent diminuer l'absorption de calcium, de fer et de zinc, mais cela reste à prouver chez l'être humain.

À la page 58, on trouve les recommandations de Santé et Bien-Être social Canada pour l'apport quotidien d'éléments nutritifs au troisième âge.

Pour clore cette partie sur les besoins nutritifs, il importe de se rappeler que même s'il est important de voir à l'équilibre nutritif au troisième âge, il faut prendre des repas bien préparés, créer une ambiance psychologique qui rende agréable l'heure des repas, et éliminer la tendance à l'isolement, à la solitude et à la dépression qui diminue l'appétit, le désir et le plaisir de bien manger.

Apport quotidien minimum recommandé

	50-74 ans		74 ans et plus	
	Hommes	**Femmes**	**Hommes**	**Femmes**
Poids (en kg)	73 (160 lb)	63 (140 lb)	60 (150 lb)	64 (140 lb)
Énergies (calories)	2300	1800	2000	1500
Protéines (g)	57	41	57	41
Vitamine A (ER)	1000	800	1000	800
Vitamine D (mg)	2,5	2,5	2,5	2,5
Vitamine C	60	45	60	45
Thiamine (B_1) (mg)	0,7	0,54	0,65	0,45
Riboflavine (B_2)	0,6-0,84	0,45-0,66	0,52-0,75	0,36-0,50
Niacine (B_3) (EN)	158	120	138	98
Calcium (mg)	800	800	800	800
Fer (mg)	8	7	8	7

Santé et Bien-Être social Canada, 1983.

G) AVEZ-VOUS UNE BONNE ALIMENTATION?

Avant d'aborder ce chapitre sur les besoins nutritifs au troisième âge, demandez-vous quelles sont vos habitudes alimentaires actuelles? En faisant ce petit test, vous aurez une bonne idée de la qualité de votre alimentation. Ce test ne s'applique pas seulement au troisième âge, mais aussi à tous les adultes. Vous n'avez qu'à encercler la lettre correspondant à ce que vous mangez régulièrement. Vous ferez ensuite l'évaluation telle que décrite à la fin du test.

1. **Combien de tasses de produits laitiers consommez-vous en moyenne par jour (lait, yogourt, soupes au lait, béchamels, desserts à base de lait, fromage cottage)?** Calculez aussi pour que chaque cube de fromage de 4 cm (1 1/2 po) équivaille à 250 mL (1 tasse) de lait.
   a) au moins 500 mL (2 tasses)
   b) environ 250 mL (1 tasse)
   c) moins de 250 mL (1 tasse)

2. **Quelle sorte de lait utilisez-vous *le plus souvent?***
   a) lait écrémé (liquide ou en poudre)
   b) lait partiellement écrémé (1%, 2%, UHT)
   c) lait entier (3,25%) ou lait provenant directement de la ferme.

3. **Combien de portions de produits céréaliers consommez-vous en moyenne par jour?**

N.B. 1 portion = 1 tranche de pain ou 1 petit pain.
1 portion = 1/2 pain à hot-dog ou à hamburger.
1 portion = 1 muffin ou 1 gaufre.
1 portion = 125-175 mL (1/2 à 3/4 tasse) de pâtes alimentaires ou de riz (cuit).
1 portion = 125-250 mL (3/4 à 1 tasse) de céréales cuites ou prêtes à servir.

   a) de 3 à 5 portions
   b) moins de 3 portions
   c) plus de 6 portions

4. **Utilisez-vous le pain de blé entier et les céréales à grains entiers?**
   a) toujours
   b) à l'occasion
   c) jamais

5. **Combien de légumes (cuits, crus, soupe, jus de tomates, salades) consommez-vous régulièrement par jour?**
   a) au moins deux légumes
   b) 1 légume
   c) aucun ou rarement

6. **Combien de fruits (frais, en conserve, surgelés, cuits, compotes, jus) prenez-vous en moyenne par jour?**
   a) au moins deux fruits
   b) 1 fruit ou jus
   c) aucun ou rarement

7. **Quelle sorte de jus de fruits utilisez-vous *le plus souvent?***
   a) jus de fruits non sucrés
   b) jus de fruits sucrés
   c) boissons à saveur de fruits (liquides ou cristaux)

8. **Combien de portions de viande mangez-vous par jour? (boeuf, veau, porc, agneau, lapin, cheval, gibier, volaille)**
   1 portion = 60 à 90 g (2 à 3 oz) après cuisson.
   a) 1 portion par jour
   b) 2 petites portions par jour
   c) 2 grosses portions ou plus

9. **Mangez-vous du foie?**
   a) au moins deux fois par mois
   b) à l'occasion seulement
   c) jamais

10. **Utilisez-vous des substituts de viande (poisson, oeufs, fromage, noix, légumineuses telles que pois secs, fèves sèches et lentilles, arachides ou beurre d'arachide)?**

a) au moins 1 repas par jour
b) 2 à 3 fois par semaine
c) à l'occasion ou jamais

11. Consommez-vous des sucreries (sucre, cassonade, miel, mélasse, produits de l'érable, bonbons, chocolat, boissons gazeuses, sauces sucrées, tartinades sucrées)?
a) très rarement ou jamais
b) occasionnellement
c) chaque jour

12. Mangez-vous des pâtisseries (tartes, gâteaux, biscuits sucrés, etc.)?
a) très rarement ou jamais
b) occasionnellement
c) chaque jour

13. Déjeunez-vous chaque jour?
a) chaque jour
b) à l'occasion
c) jamais

14. Prenez-vous des boissons alcoolisées (bière, vin, apéritifs, digestifs, boissons fortes, cidre, cocktails)?
a) jamais ou moins de 3 verres par semaine
b) de 3 à 5 verres par semaine
c) plus de 5 verres par semaine

15. Mangez-vous des fritures (frites, beignes, poulet et poissons panés, pogos, oignons frits, nouilles frites, croustilles)?
a) jamais ou très rarement
b) occasionnellement
c) régulièrement

Évaluation

Accordez 1 point pour chaque (a): ________

Accordez 3 points pour chaque (b): ________

Accordez 5 points pour chaque (c): ________

TOTAL DES POINTS: ________

Comment sont vos habitudes alimentaires?

De 15 à 20 points: Excellentes
De 21 à 25 points: Bonnes
De 26 à 30 points: Médiocres
Plus de 31 points: Mauvaises

Pour améliorer vos habitudes alimentaires, révisez votre test et essayez d'obtenir des réponses correspondant surtout à la lettre A, quelques B, mais aucun C. Il est préférable de procéder graduellement, un changement à la fois. Les prochaines pages vous démontrent l'importance d'une bonne alimentation au troisième âge.

H) INTERACTIONS ALIMENTS-MÉDICAMENTS

La consommation de médicaments chez les gens âgés présente une situation inquiétante. Les médicaments pris de façon abusive sont surtout ceux qui sont en vente libre dans les pharmacies, c'est-à-dire qui ne nécessitent pas de prescription médicale: antiacides, laxatifs, analgésiques, somnifères légers, vitamines et minéraux.

Cette tendance à abuser des médicaments peut rendre les personnes âgées plus vulnérables aux carences nutritives car certains médicaments diminuent ou empêchent l'absorption ou l'utilisation de certaines substances nutritives. Inversement, certains aliments peuvent modifier l'absorption du médicament et son effet sur l'organisme.

La diminution de la consommation de médicaments représente un défi à relever à cause des croyances fortement ancrées sur les bienfaits des médicaments. Il faut également faire une distinction entre les personnes qui ont un besoin réel qui justifie la consommation d'un médicament.

Voici, en résumé, les effets des médicaments couramment utilisés au troisième âge, sur l'état de nutrition.

- Antiacides: diminuent l'absorption du fer, du calcium, du phosphore et de la thiamine (vitamine B).
- Antidépresseurs: diminuent le potassium en augmentant son excrétion. Peuvent avoir comme effet secondaire l'augmentation du poids, à cause de l'amélioration de l'état mental.
- Antibiotiques: diminuent la vitamine K, B_{12}, l'acide folique et le magnésium. Notons que la tétracycline ne doit pas être prise en même temps que les produits laitiers puisqu'elle se lie au calcium et ne serait pas absorbée.
- Anticoagulants: diminuent la vitamine K.

- Laxatifs: causent un déséquilibre électrolytique; causent la déshydratation; diminuent l'absorption du sodium et du magnésium.
  L'emploi d'huile minérale est à déconseiller puisqu'elle empêche l'absorption des vitamines A, D, E, K.
- Analgésiques (Aspirine): diminuent la vitamine C et l'acide folique. À déconseiller surtout aux personnes qui ont des troubles de digestion et des ulcères.
- Diurétiques: diminuent les vitamines B et C, le calcium, le magnésium, le potassium et le zinc.
- Suppléments de vitamines et minéraux: il est préférable d'améliorer son alimentation plutôt que de recourir aux suppléments. Par contre si la personne âgée ne peut pas se nourrir adéquatement pour des raisons médicales ou autres, un léger supplément de vitamines et de minéraux peut être efficace.

Les personnes allergiques aux produits laitiers ou celles qui sont inactives et qui prennent peu de soleil et de produits laitiers bénéficieraient d'un supplément de calcium et de vitamine D. Mais la plupart du temps ce n'est pas nécessaire.

- Médicaments soi-disant naturels: les personnes âgées peuvent être la proie de certains vendeurs de pilules miracles qui prétendent qu'elles sont naturelles. Souvent, ce n'est que de l'exploitation et le supplément en question n'apporte pas les effets bénéfiques promis. Il s'agit alors d'une dépense inutile car ces produits sont souvent très coûteux. Bien souvent, l'effet provient beaucoup plus de la confiance que du produit lui-même.

Voici quelques moyens efficaces pour diminuer sa consommation de médicaments et se tenir en forme:

- Se nourrir selon le *Guide alimentaire canadien* (2 portions de produits laitiers, 3 à 5 portions de pain et céréales, 4 ou 5 fruits et légumes, 2 portions de viandes et substituts).
- Éviter l'excès de sel, de gras, de sucre, de produits chimiques et d'excitants tels que le thé, le café, le chocolat, le cola et l'alcool.
- Faire régulièrement de l'exercice mais de façon modérée.
- Boire au moins de 6 à 8 verres d'eau par jour.
- S'accorder des périodes de détente et de relaxation au cours de la journée afin de diminuer le stress.
- Prendre des repas dans une atmosphère calme et détendue.
- Certains exercices de massage peuvent soulager les petits malaises.
- Atteindre et maintenir un poids normal.
- Cesser de fumer.

- Se divertir et s'amuser, rencontrer des gens, occuper ses temps libres.
- Dormir suffisamment.

Si, malgré tout, vous devez prendre un médicament, informez-vous auprès de votre médecin de la nécessité du médicament et de ses effets secondaires. Suivez bien les instructions qu'il vous donnera.

I) LES "ÉCONOTRUCS"

- Essayez de planifier les menus de la semaine en fonction des produits offerts à prix réduit.
- Faire une liste d'achats est un bon moyen de ne rien oublier. Ne dit-on pas que la meilleure mémoire s'accompagne d'un crayon? Essayez de vous en tenir strictement à cette liste. Un petit truc: n'apportez pas trop d'argent.
- Évitez de multiplier, si possible, les visites à l'épicerie au cours de la semaine.
- Allez à l'épicerie après les repas, jamais l'estomac vide. Lorsqu'on a faim, tout nous tente et l'on achète davantage!
- Si vous pouvez faire vos achats au milieu de la semaine et durant la journée, vous éviterez l'affluence du jeudi ou du vendredi soir et des fins de semaine.
- Choisissez une période où vous n'êtes pas trop pressé, vous aurez ainsi tout le temps voulu pour

lire les étiquettes des produits que vous achèterez et pour comparer les prix.

- Si vous disposez d'un espace de rangement suffisant, les denrées non périssables sont plus économiques en gros format. Par exemple: la farine, les céréales, les biscuits secs, les pâtes alimentaires, le riz, les huiles, le lait en poudre. Ceci s'applique moins aux denrées périssables telles que les fruits, les légumes et les produits laitiers; il faut éviter le gaspillage dû aux pertes.
- N'oubliez pas que les emballages de fantaisie, les primes, les cadeaux et la publicité font augmenter le prix d'un produit.
- Les articles placés à la portée de la main (tablettes du centre) sont souvent plus chers. Penchez-vous et étirez-vous un peu, vous découvrirez les meilleures aubaines.
- Achetez le plus souvent possible les produits de la marque de l'épicerie où vous faites vos achats; ils sont pour la plupart d'une qualité égale à celle des marques les plus connues, et en général, ils sont moins chers.
- Les produits locaux constituent d'excellents achats. En plus d'encourager la production locale et nationale, vous débourserez moins que si vous achetez les produits importés.
- En saison, les fruits et les légumes frais ont un rapport qualité/prix avantageux. Hors saison, ils sont souvent plus économiques s'ils sont surgelés ou en conserve.

- Achetez du foie de porc; il est beaucoup plus économique et plus riche en fer que les autres variétés de foie.
- Les mets prêts à servir sont généralement plus chers et plusieurs d'entre eux sont moins nutritifs (riz précuit, gruau et crème de blé instantanés, etc.), d'autres contiennent plus d'additifs alimentaires (pommes de terre instantanées, repas surgelés prêts à servir, poudings en coupe, riz assaisonnés, gélatine aromatisée, etc.).
- Les aliments non essentiels tels que les desserts riches et sucrés, les friandises, les boissons gazeuses et alcoolisées, les croustilles, etc., n'apportent pas d'éléments nutritifs et font gonfler inutilement nos factures d'épicerie. Avec cet argent, payez-vous plutôt une gâterie nutritive plus chère pour vos occasions spéciales ou tout simplement pour vous faire plaisir: des fruits exotiques, une plante ou des fleurs que vous aimez, etc.
- Vous réaliserez des économies en utilisant le lait en poudre pour cuisiner. Si vous en aimez moins le goût, préparez-le la veille, il sera meilleur; vous pouvez également le mélanger avec du lait partiellement écrémé.
- Le yogourt maison est quatre fois plus économique que le yogourt commercial. Préparé avec du lait écrémé en poudre, il sera encore plus économique et moins riche en gras. Il n'est pas

nécessaire d'avoir une yaourtière pour le réussir; vous pouvez utiliser un thermos ou le déposer dans un four éteint, chauffé au préalable à 100°C (200°F).

- Utilisez deux fois moins de sucre dans vos recettes; vous épargnerez des sous et éviterez de consommer trop de calories.
- Les conserves de catégorie "de choix" sont plus économiques et aussi nutritives que la catégorie "de fantaisie"; seule l'apparence de l'aliment peut être légèrement modifiée (par exemple, des morceaux moins uniformes).
- Ne jetez pas vos tranches de pain légèrement séchées; utilisez-les pour faire du pain doré, du pouding au pain, des rôties ou de la chapelure.
- Les coupes de viande un peu moins coûteuses sont aussi nutritives que les plus chères. Pour les attendrir, faites-les cuire à feu doux et à chaleur humide (bouillir, braiser).
- Le gruau et la crème de blé sont les céréales les plus économiques; elles sont également très nutritives puisque le gruau est une céréale à grains entiers et que la crème de blé est raffinée et très riche en fer. Avez-vous déjà songé à remplacer le sucre, dans vos céréales, par un des aliments suivants: raisins secs, dattes hachées, germe de blé, tranches de banane, ananas broyés non sucrés ou compote de pommes?
- Lorsque la laitue est trop chère, pourquoi ne pas faire des salades de chou ou de carottes?

Hachés très finement, ces légumes sont moins difficiles à mastiquer.

- Les "cristaux de saveur" et les boissons à saveur de fruits ne constituent pas de bons achats puisque vous payez pour du sucre, des colorants et des additifs. Choisissez plutôt des jus de fruits surgelés; ceux-ci sont plus nutritifs et souvent moins chers car ils sont fréquemment offerts à prix réduit. Vous n'êtes pas obligés de diluer tout le contenu; si vous demeurez seul, ouvrez la boîte, prenez 45 ml (3 c. à table) de jus dilué dans 125 ml (1/2 tasse) d'eau froide et replacez la boîte au congélateur après l'avoir fermée hermétiquement à l'aide d'un petit couvercle ou d'un bout de papier d'aluminium.
- Les viandes grugent à elles seules 40 pour 100 du budget alimentaire. Il est conseillé de diminuer la grosseur des portions et la fréquence de consommation des viandes. Un seul repas de viande par jour suffit; le deuxième repas peut être constitué de mets à base de poisson, d'oeufs, de fromages (maigres de préférence), de béchamel et de légumineuses (fèves sèches, pois secs, lentilles).
- Achetez les aliments surgelés en dernier pour éviter le début de décongélation. Vérifiez l'état de l'emballage pour éviter d'acheter un produit où se sont formés des cristaux de glace.
- Les boîtes de conserve bosselées, bombées ou rouillées ne devraient jamais être achetées, car

les aliments risquent d'être contaminés. Même si elles sont offertes à prix réduit, elles ne constituent pas de bons achats.

- Certains prix spéciaux n'en sont pas réellement. Il est important de vérifier le prix courant de l'aliment. Parfois, le produit annoncé au rabais est plus cher que celui que vous achetez régulièrement. N'achetez que ce dont vous avez besoin. Même à prix réduit, un aliment dont on n'a pas besoin est encore trop cher.
- Les coupons-primes nous font souvent acheter des articles superflus; c'est loin d'être une économie! Utilisez seulement ceux qui correspondent aux produits que vous avez l'habitude d'acheter. Vous pouvez aussi faire des échanges avec les gens que vous connaissez.

Voilà plusieurs recommandations, penserez-vous! Sans nécessairement mettre en application tous ces conseils, vous pourrez certainement faire des économies appréciables en observant quelques-unes de ces suggestions. En épargnant de un à deux dollars par semaine, vous aurez économisé de cinquante à cent dollars par année!

J) GUIDE D'ENTREPOSAGE DES ALIMENTS

Afin d'éviter les pertes d'aliments, et pour consommer ceux-ci à leur pleine fraîcheur, voici un guide vous indiquant combien de temps vous pouvez conserver les aliments dans votre garde-manger pour les denrées non périssables, au réfrigérateur ou au congélateur pour les produits périssables.

Denrées non périssables: temps de conservation dans le garde-manger

Produits céréaliers

Céréales prêtes à servir:	8 mois
Chapelure sèche:	3 mois
Biscuits secs, Graham, Soda, Melba:	6 mois
Farine blanche:	2 ans
Farine de blé entier:	6 semaines
Farine d'avoine, flocons d'avoine:	6-10 mois
Pâtes alimentaires:	quelques années
Riz:	quelques années

Viandes et substituts

Légumineuses (haricot, pois, lentille):	1 an
Beurre d'arachide (bocal fermé):	6 mois
Beurre d'arachide (bocal ouvert):	2 mois
Poissons en conserve:	1 an

Produits laitiers

Lait en poudre (contenant intact):	1 an
Lait en poudre (contenant entamé):	1 mois
Lait concentré, évaporé (en conserve):	9-12 mois

Fruits et légumes

Fruits et légumes en conserve:	1 an
Jus de fruits, de tomates, de légumes (en conserve):	1 an
Fruits séchés:	1 an
Pommes de terre:	1 semaine
Courges:	1 semaine
Rutabagas:	1 semaine

Divers

Gélatine sans saveur:	1 an
Mélange à pouding instantané:	18 mois
Levure chimique (*poudre à pâte*):	1 an
Bicarbonate de soude (*soda à pâte*):	1 an
Fécule de maïs:	2 ans
Moutarde préparée:	6 mois
Huile végétale:	1 an
Miel:	18 mois
Café instantané:	1 an
Café moulu:	1 mois
Thé en sachet:	1 an
Vinaigre:	plusieurs années
Bouillon concentré:	plusieurs années

Denrées périssables: temps de conservation au réfrigérateur

Viandes et substituts

Volaille, bifteck, steak, côtelette:	2-3 jours
Abats, steak haché, crevettes, pétoncles:	1-2 jours
Crabe, homard, palourdes, moules (vivantes):	12-24 heures
Huîtres (vivantes):	plusieurs semaines
Rôtis, poissons (filets, darnes), saucisses fumées:	3-4 jours
Mets en casserole, sauces à la viande:	2-3 jours
Viande fumée, charcuterie:	6-7 jours
Oeufs:	3 semaines

Produits laitiers

Fromage cottage:	3-5 jours
Fromage fondu (contenant non ouvert):	plusieurs mois
Fromage fondu (contenant ouvert):	3-4 semaines

Fromage à pâte ferme:	plusieurs mois
Lait:	3-5 jours
Yogourt maison nature:	3 semaines

Fruits frais

Fraises, framboises, bleuets, poires, mûres:	2 jours
Rhubarbe, cerises:	3 jours
Prunes, pruneaux, raisins:	5 jours
Abricots, pêches, canneberges:	1 semaine
Pommes:	2 mois

Légumes frais

Asperges, brocoli:	2-3 jours
Épinards, haricots verts ou jaunes, choux de Bruxelles:	4-5 jours
Champignons, aubergines:	4-5 jours
Maïs, petits pois:	1 jour
Tomates, poivrons, laitue, courgettes:	1 semaine
Chou, céleri, carottes nouvelles, pommes de terre nouvelles:	2 semaines
Panais, oignons, betteraves:	1 mois
Carottes, rutabagas:	plusieurs semaines
Concombre, chou-fleur:	10 jours
Pommes de terre, courges d'hiver:	plusieurs mois

Denrées périssables: temps de conservation au congélateur

Produits céréaliers

Pain:	1 mois
Muffins, pains rapides, biscuits:	4 mois
sandwich (à la viande, au fromage):	6 semaines

Viandes et substituts

Abats, viande hachée, charcuterie:	1-3 mois
Viandes cuites, volaille cuite:	1-3 mois

Mets en casserole, sauce à la viande:	2-3 mois
Oie, canards, côtelettes de porc:	3 mois
Saucisse fumée, saucisse, saucisson:	2-3 semaines
Rôtis de porc, côtelettes d'agneau, oeufs:	4 mois
Côtelettes et rôtis de veau:	5 mois
Rôtis d'agneau, volaille en morceaux:	6 mois
Boeuf (rôtis, bifteck), volaille entière:	1 an
Poissons gras (saumon, maquereau, truite):	2 mois
Crustacés (crevette, crabe, homard):	2-4 mois
Poissons maigres (morue, aiglefin, sole, éperlan):	6 mois
Produits laitiers	
Lait:	6 semaines
Yogourt brassé:	1 mois
Fromages (à pâte ferme, fondu):	3 mois
Divers	
Fruits et légumes, jus de fruits:	1 an
Fines herbes:	1 an
Beurre non salé:	3 mois
Margarine (salée, non salée):	6 mois
Beurre salé:	1 an
Potages, bouillons, soupes:	4 mois

Tableau tiré de: *La nutrition à bon prix*, Santé et Bien-Être social Canada, 1980.

Ce guide n'est pas complet, mais il peut vous donner une bonne idée de la fraîcheur de vos aliments. Si vous dépassez les dates indiquées, l'aliment est quand même comestible, mais il est moins frais. Ceci s'applique également à la date de fraîcheur indiquée sur les emballages dont le temps de conservation est inférieur à 90 jours; il est important de vérifier cette date lors de l'achat. À l'achat de viandes, de volailles ou de poissons frais, la date indiquée sur l'emballage spécifie le jour où le produit a été emballé et non pas la date de fraîcheur.

Chapitre 2

Les menus

Dans ce chapitre qui se veut très pratique, nous aborderons la question des menus. Bien entendu, les exemples de menus nutritifs peuvent varier beaucoup selon les goûts, les habitudes alimentaires, l'état de santé, le budget, les aptitudes en cuisine, le goût de cuisiner, la disponibilité des denrées, la facilité de s'approvisionner, etc. Nous nous limiterons donc, dans ce volume, à quatre exemples s'appliquant à des cas que l'on rencontre fréquemment chez les personnes du troisième âge:

1. Personne seule, vivant en chambre, n'aimant pas cuisiner, ne disposant que d'un équipement restreint pour cuisiner;
2. Couple âgé qui aime cuisiner;
3. Personne ayant des problèmes de constipation;
4. Personne seule, ayant peu d'appétit et ayant de la difficulté à digérer.

La grosseur des portions n'est pas toujours indiquée dans les menus, car les besoins énergétiques varient selon l'âge et l'activité physique. Mais la valeur nutritive des menus est importante car les exigences en éléments nutritifs pour les personnes âgées doivent être satisfaites, quelle que soit la valeur énergétique des aliments consommés pendant la journée. Lors de l'élaboration de ces quatre menus, les critères suivants ont été pris en considération:

- Menus établis d'après le *Guide alimentaire canadien*, comprenant les 4 groupes d'aliments essentiels:

  lait et produits laitiers: 2 portions.
  pain et céréales: 3 à 5 portions.
  fruits et légumes: 4 ou 5 portions.
  viandes et substituts: 2 portions.

- Ces menus privilégient une alimentation *légère* qui tient compte de la sédentarité et du ralentissement des fonctions digestives (particulièrement au souper).
- Des collations nutritives ont été prévues en après-midi et en soirée afin de combler les besoins nutritifs (produits laitiers, fruits, légumes, jus).
- Un seul repas de viande par jour.
- Les aliments riches en fer sont bien représentés (foie, crème de blé enrichie, viandes, oeufs, céréales enrichies, pruneaux et jus de pruneaux) pour prévenir les risques d'anémie.
- Beaucoup d'aliments riches en fibres sont suggérés pour prévenir ou combattre la constipation et, par le fait même, éviter l'absorption de laxatifs.
- Les fritures et les sucres concentrés sont réduits au strict minimum.
- Les produits céréaliers à grains entiers sont utilisés de préférence aux produits raffinés.
- Les matières grasses sont réduites. Les charcu-

teries sont absentes ainsi que les produits artificiels.

- Les produits laitiers sont présentés sous différentes formes pour satisfaire les besoins en calcium des personnes qui ne boivent pas de lait (soupes, sauces, desserts, yogourts, fromages, laits glacés, laits aromatisés, etc.).
- Un choix varié d'aliments est proposé.
- Le lait partiellement écrémé est suggéré comme boisson, et le lait écrémé est utilisé dans les recettes.
- Pour éviter le gaspillage, l'utilisation des restes a été prévue. Un guide de planification des menus de la semaine est suggéré à cet effet, ainsi qu'un guide d'achat des aliments requis pour chaque menu.
- Des mets peu coûteux sont suggérés, puisque la majorité des personnes âgées ne dispose que d'un budget assez limité.
- Les recettes suggérées pour chaque menu sont conçues pour donner de 1 à 2 portions étant donné que plusieurs vivent seuls ou avec un conjoint.
- Les recettes suggérées sont de préparation simple et rapide.

Menu I

MENUS POUR PERSONNE SEULE

Ce premier menu a été conçu pour les personnes seules qui n'aiment pas cuisiner et qui ne disposent que d'un équipement très restreint pour préparer les repas (ex.: pas de four ou seulement un petit poêle à deux éléments chauffants). Cela se produit souvent chez des personnes âgées, vivant en chambre, et ne disposant que d'un faible revenu. Bien entendu, la solution idéale serait d'améliorer les conditions de vie de ces personnes, mais en attendant, que peuvent-elles faire pour se nourrir de façon convenable?

Les repas suggérés se préparent presque tous en 5 à 10 minutes et les recettes proposées sont très simples et ne demandent qu'un équipement restreint.

La valeur nutritive des menus correspond au *Guide alimentaire canadien* et l'on y propose une assez bonne variété d'aliments, tout en prévoyant l'utilisation des restes.

Certains produits préparés vendus sur le marché sont suggérés, respectant ainsi le choix des personnes qui ne cuisinent pas (ex.: muffins et biscuits, soupes, légumes et fruits en conserve, pouding instantané, lait glacé).

Des aliments à bon marché sont également suggérés, tout en tenant compte du rapport qualité/prix.

Le menu suggère une bonne variété d'aliments, car les personnes qui vivent seules ont souvent tendance à restreindre leurs choix. La variété rend l'heure du repas plus agréable.

JOUR 1

DÉJEUNER:	céréales de blé entier avec banane tranchée et lait petit cube de cheddar café décaféiné
LUNCH:	steak haché haricots verts (surgelés ou en conserve) **pomme et ananas au jus** tisane ou thé faible
REPAS DU SOIR:	jus de tomates sandwich grillé au fromage macédoine de fruits (en conserve) **lait à la vanille**
GOÛTER:	lait, fruit ou jus

Aliments en caractères gras: recette présentée à la suite des menus.

JOUR 2

DÉJEUNER:	pain de blé entier grillé beurre d'arachide banane tranchée **lait à la vanille**
LUNCH:	salade de saumon petit pain **crème de fruits à l'ancienne** tisane ou thé faible
REPAS DU SOIR:	jus de tomates **oeufs à la crème sur** **pain de blé entier grillé** lait glacé et ananas en cubes tisane ou thé faible
GOÛTER:	lait, fruit ou jus

Aliments en caractères gras: recette présentée à la suite des menus.

JOUR 3

DÉJEUNER:	1/2 pamplemousse pain de blé entier grillé fromage en tranches café décaféiné
LUNCH:	foie de porc ou de poulet pomme de terre bouillie yogourt nature avec pêches tranchées tisane ou thé faible
REPAS DU SOIR:	**saumon et pomme de terre en casserole** haricots verts (surgelés ou en conserve) muffin (commercial) thé faible ou tisane
GOÛTER:	lait, fruit ou jus

Aliments en caractères gras: recette présentée à la suite des menus.

JOUR 4

DÉJEUNER:	jus de pommes gruau avec dattes hachées et lait petit cube de cheddar **lait à la vanille**
LUNCH:	soupe aux pois (en conserve) salade verte et fromage râpé petit pain **poire pochée** tisane ou thé faible
REPAS DU SOIR:	omelette au fromage pain de blé entier grillé macédoine de légumes (surgelée) **pêche garnie** tisane ou thé faible
GOÛTER:	lait, fruit ou jus

Aliments en caractères gras: recette présentée à la suite des menus.

JOUR 5

DÉJEUNER:	pruneaux cuits oeuf poché sur rôtie café décaféiné
LUNCH:	**steak haché en casserole** pomme de terre bouillie pouding instantané à la vanille tisane ou thé faible
REPAS DU SOIR:	crème de tomates tartines de fromage cottage avec laitue et tomates compote de pommes (en conserve) tisane ou thé faible
GOÛTER:	lait, fruit ou jus

Aliments en caractères gras: recette présentée à la suite des menus.

JOUR 6

DÉJEUNER:	1/2 pamplemousse crème de blé avec dattes hachées et lait tranche de fromage lait ou café décaféiné
LUNCH:	soupe aux légumes (en conserve) filet de poisson **riz aux légumes** pruneaux cuits et biscuits secs tisane ou thé faible
REPAS DU SOIR:	pain doré avec compote de pommes (en conserve) **lait à la vanille** biscuits à la farine d'avoine
GOÛTER:	lait, fruit ou jus

Aliments en caractères gras: recette présentée à la suite des menus.

JOUR 7

DÉJEUNER:	poire muffin (commercial) fromage cottage **lait à la vanille**
LUNCH:	**poulet braisé aux légumes et au riz** banane tranchée dans du lait tisane ou thé faible
REPAS DU SOIR:	**nouilles au poulet** pain de blé entier laitue et tomates **yogourt aromatisé** tisane ou thé faible
GOÛTER:	lait, fruit ou jus

Aliments en caractères gras: recette présentée à la suite des menus.

Recettes du menu

POMME ET ANANAS AU JUS

(1 portion)

1 petite pomme pelée, coupée en cubes
85 ml (1/3 tasse) d'ananas en cubes, dans leur jus naturel, non égouttés
1 ml (1/4 c. à thé) d'essence de vanille

1. Mélanger les morceaux de pommes et d'ananas dans une petite casserole.
2. Cuire à feu doux jusqu'à ce que les pommes soient tendres.
3. Retirer du feu. Ajouter la vanille.
4. Laisser tiédir un peu avant de servir.

LAIT À LA VANILLE

(1 portion)

175 ml (3/4 tasse) de lait écrémé ou à 2%
1 gousse de vanille hachée
ou 1 ml (1/4 c. à thé) d'essence de vanille

1. Faire chauffer le lait avec la gousse de vanille. Si on utilise l'essence de vanille, l'ajouter après avoir retiré la casserole du feu.
2. Boire immédiatement.

CRÈME DE FRUITS À L'ANCIENNE

(1 portion)

85 ml (1/3 tasse) de yogourt nature
85 ml (1/3 tasse) de macédoine de fruits égouttée
60 ml (1/4 tasse) de guimauves miniatures
30 ml (2 c. à table) de noix de coco hachée

1. Mélanger tous les ingrédients ensemble. Déposer dans une coupe à dessert.

N.B. Cette crème est meilleure préparée la veille.

OEUFS À LA CRÈME

(1 portion)

1 oeuf à la coque tranché
125 ml (1/2 tasse) de crème de céleri condensée
30 ml (2 c. à table) de lait écrémé ou à 2%
30 ml (2 c. à table) d'oignons hachés finement

1. Mélanger tous les ingrédients ensemble dans une petite casserole.
2. Laisser réchauffer quelques minutes à feu doux et servir sur du pain de blé entier grillé.

SAUMON ET POMME DE TERRE EN CASSEROLE

(1 portion)

1/2 boîte de saumon de 220 g (7 3/4 oz), égoutté
1 pomme de terre cuite et tranchée
1/2 à table de beurre ou de margarine
15 ml (1 c. à table) de farine tout usage
125 ml (1/2 tasse) de lait écrémé ou à 2%
Sel et poivre

1. Mélanger le beurre et la farine dans une petite casserole.
2. Ajouter le lait en brassant continuellement jusqu'à épaississement.
3. Laisser cuire quelques minutes à feu doux.
4. Ajouter les tranches de pomme de terre, les morceaux de saumon, le sel et le poivre. Réchauffer et servir.

POIRE POCHÉE

(1 portion)

1 poire fraîche, pelée, vidée et coupée en deux
85 ml (1/3 tasse) de jus de pommes non sucré
1 ml (1/4 c. à thé) d'essence de vanille
Pincée de cannelle

1. Déposer les moitiés de poires dans une petite casserole. Ajouter le jus de pommes et laisser mijoter jusqu'à ce que la poire soit tendre.
2. Retirer du feu. Ajouter la vanille et la cannelle. Servir tiède.

PÊCHE GARNIE

(1 portion)

125 ml (1/2 tasse) de pêches tranchées en conserve
125 ml (1/2 tasse) de yogourt nature
15 ml (1 c. à table) de noix de coco grillée

1. Déposer les tranches de pêches dans une coupe à dessert.
2. Recouvrir de yogourt nature et saupoudrer de noix de coco.

STEAK HACHÉ EN CASSEROLE

(1 portion)

85 g (3 oz) de steak haché
125 ml (1/2 tasse) de macédoine de légumes
5 ml (1 c. à thé) de beurre ou de margarine
30 ml (2 c. à table) d'oignons hachés
85 ml (1/3 tasse) de crème de tomates condensée

1. Faire cuire les oignons et le steak haché dans le beurre ou la margarine.
2. Ajouter les légumes et la crème de tomates.
3. Réchauffer et servir.

RIZ AUX LÉGUMES

(1 portion)

45 ml (3 c. à table) de riz non cuit
125 ml (1/2 tasse) de bouillon de poulet
85 ml (1/3 tasse) de macédoine de légumes
Persil frais ou séché, poivre

1. Cuire le riz dans le bouillon de poulet.
2. Ajouter les légumes et les assaisonnements.
3. Réchauffer et servir.

POULET BRAISÉ AUX LÉGUMES ET AU RIZ

(1 portion)

1 poitrine de poulet
125 ml (1/2 tasse) de macédoine de légumes (surgelée ou en conserve)
30 ml (2 c. à table) de poivron vert haché
30 ml (2 c. à table) d'oignon haché
10 ml (2 c. à thé) d'huile de maïs
45 ml (3 c. à table) de riz ordinaire non cuit
125 ml (1/2 tasse) de bouillon de poulet
Pincée d'estragon, poivre

1. Faire revenir l'oignon et le poivron dans l'huile. Ajouter le poulet et le faire dorer de tous côtés.
2. Ajouter le bouillon de poulet. Couvrir et laisser mijoter à feu doux 30 minutes.
3. Ajouter le riz, les légumes et les assaisonnements. Couvrir et laisser mijoter 25 minutes en ajoutant un peu de bouillon de poulet, si nécessaire.

N.B. Réserver un peu de poulet pour les nouilles au poulet du souper.

NOUILLES AU POULET

60 ml (1/4 tasse) de nouilles non cuites
5 ml (1 c. à thé) d'huile de maïs
15 ml (1 c. à table) d'oignon haché
15 ml (1 c. à table) de sauce chinoise (soya)
125 ml (1/2 tasse) de poulet cuit, coupé en dés

1. Cuire le macaroni. Rincer à l'eau froide et égoutter.
2. Faire revenir l'oignon dans l'huile.
3. Ajouter les autres ingrédients.
4. Réchauffer et servir.

YOGOURT AROMATISÉ

(1 portion)

125 ml (1/2 tasse) de yogourt nature
15 ml (1 c. à table) de jus de pommes surgelé, non dilué, non sucré
Pincée de cannelle

1. Ajouter le jus de pommes concentré et la cannelle au yogourt. Mélanger et déguster.

Aliments à acheter pour 1 personne (Menu I)

PRODUITS LAITIERS

Lait écrémé ou à 2%: 2 litres (2 pintes)
Yogourt nature: 500 g (1 lb)
Fromage cottage: 250 g (9 oz)
Fromage cheddar: 90 g (3 oz)
Fromage tranché: 4 tranches (125 g, 4 1/2 oz)
Lait glacé: 1 portion de 125 ml (1/2 tasse)

VIANDES ET SUBSTITUTS

Oeufs: 4 unités
Steak haché: 100 g (3 1/2 oz)
Foie: 100 g (3 1/2 oz)
Filet de poisson: 110 g (4 oz)
Poitrine de poulet: 1 unité
Saumon: 1 boîte de 220 g (7 3/4 oz)
Beurre d'arachide: 22 ml (1 1/2 c. à table)
Soupe aux pois en conserve: 250 ml (8 oz)

PAIN ET CÉRÉALES

Pain de blé entier: 1 pain (12 tranches)
Muffins au son: 2 unités
Petits pains: 2 unités
Gruau non cuit: 1 portion = 90 ml (6 c. à table)
Crème de blé non cuite: 1 portion = 45 ml (3 c. à table)
Riz non cuit: 2 portions = 90 ml (6 c. à table)
Céréales de blé entier: 175 ml (3/4 tasse)
Nouilles non cuites: 60 ml (1/4 tasse)
Biscuits secs
Biscuits à l'avoine

FRUITS ET LÉGUMES

Fruits frais:

- **1 pamplemousse**
- **3 bananes**
- **2 poires**
- **1 pomme**

FRUITS EN CONSERVE

- **Ananas en cubes: 285 ml (10 oz)**
- **Macédoine de fruits: 285 ml (10 oz)**
- **Pêches tranchées: 285 ml (10 oz)**
- **Compote de pommes: 285 ml (10 oz)**
- **Pruneaux: 285 ml (10 oz)**

Légumes frais:

- **3 pommes de terre**
- **1 oignon**
- **2 tomates**
- **laitue**

Légumes surgelés ou en conserve:
haricots verts: 398 ml (14 oz)
macédoine de légumes: 398 ml (14 oz)
Jus: jus de pommes surgelé 175 ml (6 oz)
jus de tomates: 285 ml (10 oz)
Autres: dattes
soupe aux légumes 250 ml (8 oz)

DIVERS

Huile de maïs: 30 ml (2 c. à table)
Beurre ou margarine: 125 ml (1/2 tasse)
Bouillon de poulet: 250 ml (1 tasse)
Crème de tomates: 285 ml (10 oz)
Crème de céleri: 285 ml (10 oz)
Noix de coco, guimauves miniatures
Tisane, thé, café décaféiné
Pouding à la vanille instantané: 1 sachet
Vanille, cannelle, farine: 15 ml (1 c. à table)
Sel, poivre, persil, estragon, sauce soya

N.B. Vous pouvez prévoir quelques portions supplémentaires de lait, de jus ou de fruits pour les goûters, si désiré.

Planification des repas

A) À l'achat

PRODUITS LAITIERS

- Le cheddar se congèle bien. Vous pouvez acheter un morceau de 300 g (10 oz) que vous couperez en 10 cubes de 2,5 cm (1 pouce). Gardez 3 cubes au réfrigérateur dans un contenant hermétique, pour utilisation pendant la semaine, et congelez le reste. Vous n'aurez qu'à décongeler individuellement les cubes de fromage selon vos besoins.
- Les fromages tranchés se conservent assez longtemps au réfrigérateur. Surveillez la date de fraîcheur indiquée sur l'emballage. Achetez un paquet de 8 tranches (250 g, 9 oz), il vous restera 4 tranches pour les semaines suivantes. Vous pouvez acheter une plus grande quantité lorsque le prix est réduit, et congeler le surplus.
- Lait glacé: achetez le plus petit contenant.

VIANDES ET SUBSTITUTS

- Saviez-vous que vous pouviez acheter une demi-douzaine d'oeufs? Séparez le contenant en deux.

Ils seront plus frais que si vous achetez la douzaine. Conservez les oeufs au réfrigérateur, le bout le plus gros pointé vers le haut.

- Pour le steak haché, le foie et le poulet, vous pouvez les acheter en plus grande quantité lorsque le prix est réduit, et les congeler en portions individuelles.
- Achetez 450 g (1 livre) de filets de poisson surgelés, et demandez au boucher de les séparer en 4 portions. Gardez-en 3 portions au congélateur (emballés individuellement) pour les semaines suivantes.
- Conservez votre beurre d'arachide au réfrigérateur. Si vous en utilisez peu, vous éviterez ainsi qu'il prenne une saveur rance.

PAINS ET CÉRÉALES

- Le pain et les muffins se congèlent très bien. Gardez au congélateur les quantités qui ne seront pas utilisées au cours de la semaine et décongelez-les selon vos besoins. Il est préférable de faire chauffer les muffins avant de les servir.

FRUITS ET LÉGUMES

- Conservez les fruits et les légumes au réfrigérateur pour éviter les pertes. Si vous trouvez qu'ils sont plus savoureux à la température de la pièce, sortez-les le matin pour les déguster pendant la journée.

B) À la préparation

JOUR 1

- Conservez la moitié des haricots verts au réfrigérateur pour le Jour 3.
- Gardez la moitié du jus de tomates au froid pour le lendemain.
- Le reste de la macédoine de fruits servira à la préparation de la crème de fruits à l'ancienne. Il est préférable de préparer cette recette le jour même, plutôt que le lendemain.
- Le reste des ananas sera servi demain avec le lait glacé.

JOUR 2

- Utilisez 1/2 boîte de 220 g (7 3/4 oz) de saumon pour la salade, et conservez le reste pour la casserole de saumon et de pomme de terre du lendemain.
- Lors de la préparation des oeufs à la crème, conservez le reste de la crème de céleri qui sera servie sous forme de soupe, diluée avec du lait au Jour 3.

JOUR 3

- Le midi, faites cuire 2 pommes de terre et conservez-en une pour la casserole de saumon et de pomme de terre qui sera servie ce soir.
- Le reste des pêches sera servi le lendemain pour la recette de pêches garnies.

JOUR 4

- Préparez 250 ml (1 tasse) de jus de pommes: utilisez 60 ml (1/4 tasse) de jus de pommes surgelé et diluez avec 180 ml (3/4 tasse) d'eau. Gardez au congélateur le reste du jus. Prenez 160 ml (2/3 tasse) de jus au déjeuner et utilisez le reste pour préparer la poire pochée du midi.

- Gardez au réfrigérateur le reste de la macédoine de légumes. Elle servira à la préparation du steak haché en casserole (Jour 5), du poulet braisé aux légumes (Jour 7) et du riz aux légumes (Jour 6).

JOUR 5

- Utilisez 85 ml (1/3 tasse) de crème de tomates condensée pour le steak haché en casserole. Le reste sera dilué avec du lait et servi comme soupe au repas du soir.
- Pouding instantané à la vanille (portion individuelle): utilisez 30 ml (2 c. à table) de poudre et diluez avec 125 ml (1/2 tasse) de lait écrémé ou à 2% très froid.
- Brassez de une à deux minutes et servez.

JOUR 7

- Faites cuire la poitrine de poulet pour le dîner et gardez-en la moitié, après cuisson, pour les nouilles au poulet.

Menu II

MENUS POUR UN COUPLE

Plusieurs gens du troisième âge n'ont plus le goût et/ou la capacité de cuisiner qu'ils avaient auparavant. La plupart ont élevé une grosse famille et ont fait plus que leur part de travail domestique; d'autres souffrent de handicaps physiques qui les obligent à restreindre leurs activités. Mais ce n'est pas le cas de toutes les personnes âgées; quelques-unes ont encore le goût de cuisiner, d'essayer des recettes nouvelles, certaines en font même un hobby. Et, de plus en plus, elles s'intéressent à la cuisine santé.

Bien que le but premier de ce livre soit de venir en aide aux personne plus démunies, il ne faut quand même pas délaisser les autres. Le prochain exemple de menu a été composé à leur intention. Il conviendrait à un couple de retraités qui, sans passer des heures à cuisiner, ne déteste pas "mettre la main à la pâte" de façon à s'offrir des repas santé, à la fois agréables pour l'oeil et le palais.

Les recettes suggérées demandent un peu plus de temps pour la préparation, mais elles sont simples à réaliser. Certains plats apportent un brin de fantaisie, afin de rompre la monotonie: omelette aux fraises et punch au thé pour le brunch, pizza aux oeufs, sandwich au fromage cottage et aux carottes, lait fouetté aux bananes, etc. Les recettes donnent 2 portions, sauf les mets qui se prêtent à la congélation (muffins, pains rapides, etc.).

Comme pour les autres menus, la valeur nutritive et l'équilibre des repas ont été considérés, de même que l'utilisation d'aliments les plus naturels possible. Les sucres concentrés et les matières grasses sont très limités. Les boissons stimulantes telles que le thé et le café sont présentes aux menus, sans toutefois être mises en valeur. Par exemple, le lait est souvent suggéré de préférence au café et l'on recommande plutôt le café décaféiné. Les tisanes sont également suggérées pour remplacer le thé. À l'heure de la collation, le lait, les jus de fruits et l'eau sont les boissons les plus recommandées.

Quelques mets plus traditionnels ont été conservés afin de ne pas changer les habitudes alimentaires de façon trop radicale: par exemple, les fèves au four (recette modifiée des fameuses fèves au lard) où l'on allège le mets en soustrayant un peu de gras et de sucre. On donne également des conseils pour éviter les malaises dus aux gaz intestinaux.

JOUR 1

BRUNCH:	jus d'orange **omelette aux fraises** **pain aux pommes** **punch au thé**
REPAS DU SOIR:	jus de légumes blanquette de saumon sur pain de blé entier carottes et navets 1/4 de cantaloup avec lait glacé
GOÛTER:	lait biscuits au gruau

Aliments en caractères gras: recette présentée à la suite des menus.

JOUR 2

DÉJEUNER:	poire gaufre au son fromage cheddar lait ou café décaféiné
LUNCH:	crème de céleri poulet rôti brocoli **croustade de pommes** tisane ou thé faible
REPAS DU SOIR:	crème de champignons **salade de riz et poulet** laitue et tomates pouding à la vanille tisane ou thé faible
GOÛTER:	lait fruit ou jus

Aliments en caractères gras: recette présentée à la suite des menus.

JOUR 3

DÉJEUNER:	1/4 de cantaloup pain aux raisins avec fromage cottage **lait à la vanille**
LUNCH:	hamburger salade verte **poires au four** tisane ou thé faible
REPAS DU SOIR:	soupe aux légumes **tomates farcies au saumon** petit pain de blé entier blanc-manger tisane ou thé faible
GOÛTER:	lait fruit ou jus

Aliments en caractères gras: recette présentée à la suite des menus.

JOUR 4

DÉJEUNER:	jus d'orange pain doré — sirop d'érable lait ou café décaféiné
LUNCH:	**crème de tomates** pâté chinois betteraves **lait fouetté aux bananes** biscuits au gruau
REPAS DU SOIR:	crème de champignons **pizza aux oeufs** salade verte **pain aux pommes** tisane ou thé faible
GOÛTER:	lait fruit ou jus

Aliments en caractères gras: recette présentée à la suite des menus.

JOUR 5

DÉJEUNER:	jus de pommes **muffins aux bananes** fromage Mozarella à 2% lait ou café décaféiné
LUNCH:	foie de poulet ou porc avec crème de tomates purée de pommes de terre et de carottes **compote de pommes et de poires** biscuits secs tisane ou thé
REPAS DU SOIR:	soupe aux légumes **sandwich au fromage cottage et aux carottes** **yogourt à l'ananas** tisane ou thé faible
GOÛTER:	lait fruit ou jus

Aliments en caractères gras: recette présentée à la suite des menus.

JOUR 6

DÉJEUNER:	**compote de pommes et de poires** gruau, lait et germe de blé lait ou café décaféiné
LUNCH:	**turbot en casserole** haricots verts **muffins aux bananes** tisane ou thé faible
REPAS DU SOIR:	jus de tomates **soufflé au fromage** pommes de terre au four pouding au riz tisane ou thé faible
GOÛTER:	lait fruit ou jus

Aliments en caractères gras: recette présentée à la suite des menus.

JOUR 7

DÉJEUNER:	céréales de blé entier avec lait, banane tranchée et germe de blé café décaféiné
LUNCH:	**fèves au four** salade verte **mousse aux bananes** tisane ou thé faible
REPAS DU SOIR:	crème de tomates macaroni au fromage haricots verts **gelée aux ananas** tisane ou thé faible
GOÛTER:	lait fruit ou jus

Aliments en caractères gras: recette présentée à la suite des menus.

Recettes du menu

OMELETTE AUX FRAISES

(2 portions)

3 oeufs
60 ml (1/4 tasse) de jus d'orange non sucré
2 ml (1/2 c. à thé) d'essence de vanille
60 ml (1/4 tasse) de fraises tranchées

1. Mélanger les oeufs, le jus et la vanille.
2. Cuire l'omelette dans un poêlon téflonisé.
3. Recouvrir de fraises.
4. Plier l'omelette et servir.

N.B. On peut remplacer les fraises par des pêches tranchées.

PAIN AUX POMMES

(12 tranches)

250 ml (1 tasse) de farine de blé entier
250 ml (1 tasse) de farine tout usage
15 ml (1 c. à table) de levure chimique (*poudre à pâte*)
60 ml (1/4 tasse) de cassonade
2 ml (1/2 c. à thé) de cannelle
2 ml (1/2 c. à thé) de sel
1 oeuf battu
80 ml (1/3 tasse) d'huile de maïs
175 ml (3/4 tasse) de lait écrémé
375 ml (1 1/2 tasse) de pommes non pelées, hachées finement (3 pommes)

1. Bien mélanger tous les ingrédients secs.
2. Mélanger l'oeuf, l'huile et le lait et ajouter en une seule fois aux ingrédients secs en remuant très peu, juste assez pour mêler les ingrédients.
3. Ajouter les pommes. Bien mêler.
4. Verser dans un moule à pain graissé.
5. Cuire 60 minutes à 190°C (375°F).
6. Refroidir. Découper en 12 tranches.
7. Congeler individuellement les tranches qui restent.

N.B. Préparer la veille.

PUNCH AU THÉ

(2 portions)

1 sachet de thé
175 ml (3/4 tasse) d'eau bouillante
175 ml (3/4 tasse) de jus de pamplemousse

1. Verser l'eau bouillante sur le sachet de thé et laisser infuser 5 minutes.
2. Enlever le sachet de thé et ajouter le jus de pamplemousse.
3. Laisser refroidir avant de servir.

CROUSTADE DE POMMES

(2 portions)

2 pommes pelées, tranchées
5 ml (1 c. à thé) de jus de citron
5 ml (1 c. à thé) de cassonade
10 ml (2 c. à thé) de raisins secs
15 ml (1 c. à table) de margarine ou de beurre fondu
15 ml (1 c. à table) de farine tout usage
45 ml (3 c. à table) de flocons d'avoine
1 ml (1/4 c. à thé) de cannelle
10 ml (2 c. à thé) de cassonade

1. Déposer les tranches de pommes dans un plat graissé allant au four. Recouvrir avec les raisins secs et 5 ml (1 c. à thé) de cassonade. Arroser de jus de citron.
2. Mêler ensemble la farine, le gruau, la cannelle, le beurre ou la margarine et 10 ml (2 c. à thé) de cassonade. Bien mêler pour lier les ingrédients et recouvrir les pommes de ce mélange.
3. Cuire 30 minutes à 180°C (350°F).

SALADE DE RIZ ET POULET

(2 portions)

250 ml (1 tasse) de poulet cuit, en dés
250 ml (1 tasse) de riz cuit
60 ml (1/4 tasse) de poivron vert haché
30 ml (2 c. à table) d'oignons hachés
60 ml (1/4 tasse) de carottes râpées
60 ml (1/4 tasse) de tomates hachées
Pincée d'estragon et de poivre
80 ml (1/3 tasse) de crème de céleri condensée

1. Mélanger tous les ingrédients ensemble.
2. Servir très froid sur des feuilles de laitue.

POIRES AU FOUR

(2 portions)

5 ml (1 c. à thé) de beurre ou de margarine
2 poires pelées
2 ml (1/2 c. à thé) de miel
30 ml (2 c. à table) de jus d'orange surgelé non dilué
le zeste râpé d'une orange
2 ml (1/2 c. à thé) d'essence de vanille
0,5 ml (1/8 c. à thé) de gingembre moulu

1. Badigeonner de beurre ou de margarine un plat allant au four.
2. Dans un petit bol, mélanger le miel, le concentré de jus d'orange, la vanille et le gingembre.
3. Tremper les poires dans ce mélange pour les recouvrir complètement.
4. Les placer côte à côte dans le plat, les parsemer de zeste d'orange et cuire au four pendant 20 minutes à 180°C (350°F).
5. Servir chaud ou froid.

TOMATES FARCIES AU SAUMON

(2 portions)

2 grosses tomates
80 ml (1/3 tasse) de riz cuit
1/2 boîte de 220 g (7 3/4 oz) de saumon égoutté
30 ml (2 c. à table) d'oignons hachés
Pincée de basilic et d'origan
Sel et poivre au goût
60 ml (1/4 tasse) de fromage Mozarella à 2%, râpé
175 ml (3/4 tasse) de crème de céleri

1. Couper une tranche sur le dessus des tomates pour ensuite les vider (conserver la pulpe des tomates pour la soupe aux légumes). Égoutter et assécher l'intérieur.
2. Mélanger tous les autres ingrédients ensemble, sauf la crème de céleri, et farcir les tomates avec ce mélange.
3. Verser la crème de céleri sur les tomates.
4. Couvrir et cuire 15 minutes à 180°C (350°F).

LAIT FOUETTÉ AUX BANANES

(2 portions)

1 banane bien mûre écrasée
250 ml (1 tasse) de lait écrémé ou à 2% très froid
125 ml (1/2 tasse) de yogourt nature
2 ml (1/2 c. à thé) d'essence de vanille

1. Déposer tous les ingrédients dans le bol du mélangeur. Battre à grande vitesse durant quelques secondes.
2. Verser dans deux grands verres et servir immédiatement.

PIZZA AUX OEUFS

(2 portions)

2 oeufs
30 ml (2 c. à table) d'eau froide
7,5 ml (1/2 c. à table) de beurre ou de margarine
0,5 ml (1/8 c. à thé) de sel
Pincée de poivre
1/2 poivron vert en fines lanières
125 ml (1/2 tasse) de champignons tranchés
80 ml (1/3 tasse) de sauce aux tomates
1 ml (1/4 c. à thé) de basilic
90 g (3 oz) de fromage Mozarella à 2%, râpé

1. Battre les oeufs avec l'eau, le sel et le poivre.
2. Faire fondre le beurre ou la margarine dans un poêlon et y verser le mélange à base d'oeufs. Cuire à feu doux. Retirer du feu.
3. Étendre la sauce aux tomates et le basilic sur l'omelette et recouvrir de lanières de poivron vert et de champignons tranchés.
4. Saupoudrer de fromage râpé.
5. Passer sous le gril, au four, jusqu'à ce que le fromage soit fondu et légèrement doré. Servir immédiatement.

COMPOTE DE POMMES ET DE POIRES

(4 portions)

2 grosses pommes
2 grosses poires
125 ml (1/2 tasse) de jus de pommes non sucré
5 ml (1 c. à thé) d'essence de vanille
Pincée de cannelle (facultatif)

1. Peler et vider les pommes et les poires et les couper en quartiers.
2. Déposer dans une casserole avec le jus de pommes et cuire à feu doux jusqu'à ce que les fruits soient tendres.
3. Retirer du feu. Ajouter la vanille et la cannelle.
4. Réduire en purée, si désiré.
5. Servir chaud ou froid.

SANDWICH AU FROMAGE COTTAGE ET AUX CAROTTES

(2 portions)

4 tranches de pain de blé entier
ou 2 petits pains pita
125 ml (1/2 tasse) de fromage cottage
7,5 ml (1/2 c. à table) de yogourt nature
1 carotte râpée
15 ml (1 c. à table) d'oignons hachés
15 ml (1 c. à table) de raisins secs
Poudre d'oignon, poivre

1. Mélanger ensemble le fromage, le yogourt, les oignons, la carotte râpée, les raisins secs et les assaisonnements.
2. Étendre ce mélange entre deux tranches de pain de blé entier ou à l'intérieur d'un pain pita.
3. Couper en diagonale et servir.

N.B. On peut garnir de feuilles de laitue.

YOGOURT À L'ANANAS

(2 portions)

250 ml (1 tasse) de yogourt nature
80 ml (1/3 tasse) d'ananas broyés et égouttés
Pincée de cannelle
1 ml (1/4 c. à thé) d'essence de vanille

1. Mélanger les ingrédients ensemble.
2. Verser dans des coupes à dessert.

TURBOT EN CASSEROLE

(2 portions)

1 petit oignon haché
1 gousse d'ail hachée
250 ml (1 tasse) de tomates en conserve
60 ml (1/4 tasse) de jus des tomates en conserve
Pincée de basilic et d'origan
2 filets de turbot

1. Déposer les filets dans un plat graissé allant au four.
2. Recouvrir avec le reste des ingrédients.
3. Cuire 15 à 20 minutes à 200°C (400°F).

MUFFINS AUX BANANES

(6 muffins)

125 ml (1/2 tasse) de farine de blé entier
30 ml (2 c. à table) de cassonade
3 ml (1 1/4 c. à thé) de levure chimique (*poudre à pâte*)
1 ml (1/4 c. à thé) de sel
0,5 ml (1/8 c. à thé) de bicarbonate de soude (*soda à pâte*)
125 ml (1/2 tasse) de gruau non cuit
1 oeuf battu
30 ml (2 c. à table) d'huile de maïs
125 ml (1/2 tasse) de bananes bien mûres écrasées

1. Mélanger ensemble la farine, le gruau, le sel, la cassonade, le bicarbonate de soude (*soda à pâte*) et la levure chimique (*poudre à pâte*).
2. Dans un autre bol, mélanger l'oeuf, l'huile et les bananes et ajouter en une seule fois aux ingrédients secs. Remuer très peu, juste pour humecter les ingrédients secs.
3. Verser dans 6 moules à muffins graissés.

4. Cuire 20 minutes à 200°C (400°F).
5. Meilleurs chauds ou tièdes.

N.B. Se congèlent bien.

SOUFFLÉ AU FROMAGE

(2 portions)

15 ml (1 c. à table) de beurre ou de margarine
30 ml (2 c. à table) de farine tout usage
125 ml (1/2 tasse) de lait écrémé ou à 2%
125 ml (1/2 tasse) de fromage cheddar râpé
2 jaunes d'oeufs
2 blancs d'oeufs
Pincée de crème de tartre
1 ml (1/4 c. à thé) de sel
5 ml (1 c. à thé) de flocons de persil
Pincée de poivre

1. Faire fondre le beurre ou la margarine dans une casserole assez profonde.
2. Ajouter la farine et bien mêler.
3. Ajouter graduellement le lait en remuant constamment jusqu'à épaississement.
4. Retirer du feu. Ajouter le fromage et remuer jusqu'à ce qu'il soit fondu. Tiédir.
5. Ajouter les jaunes d'oeufs en remuant.
6. Ajouter le sel, le poivre et le persil.
7. Battre les blancs d'oeufs en neige avec la crème de tartre et les ajouter délicatement au mélange de jaune d'oeufs (en pliant à l'aide d'une spatule).
8. Verser dans un plat graissé allant au four. Déposer le plat dans une casserole d'eau chaude et cuire de 50 à 60 minutes à 180°C (350°F).

FÈVES AU FOUR

(2 portions)

160 ml (2/3 tasse) de haricots blancs secs
320 ml (1 1/3 tasse) d'eau froide
30 ml (2 c. à table) d'oignons hachés
2 ml (1/2 c. à thé) de sel
2 ml (1/2 c. à thé) de vinaigre
30 ml (2 c. à table) de ketchup aux tomates
Pincée de poivre
Eau chaude au besoin
15 ml (1 c. à table) de beurre ou margarine

1. Faire tremper les fèves toute une nuit dans l'eau froide. Jeter l'eau de trempage.
2. Recouvrir à nouveau les fèves d'eau et cuire 30 minutes. Égoutter les fèves et conserver le liquide.
3. Graisser une marmite allant au four avec le beurre ou la margarine et y déposer les tranches d'oignons au fond.
4. Ajouter les fèves et les autres ingrédients.
5. Recouvrir du liquide chaud.
6. Couvrir et cuire à feu très doux à 125°C (250°F) pendant 7 heures. Pendant la cuisson, ajouter régulièrement de l'eau pour que les haricots soient recouverts.

N.B. Aucun sucre n'a été ajouté à la recette de façon à diminuer les problèmes de flatulence (gaz).

MOUSSE AUX BANANES

(2 portions)

1 blanc d'oeuf
15 ml (1 c. à table) de sucre
125 ml (1/2 tasse) de bananes bien mûres écrasées
2 ml (1/2 c. à thé) d'essence de vanille

1. Fouetter le blanc d'oeuf en neige avec le sucre.
2. Incorporer délicatement les bananes et l'essence de vanille.
3. Servir immédiatement.

GELÉE AUX ANANAS

(2 portions)

7,5 ml (1/2 c. à table) de gélatine sans saveur
125 ml (1/2 tasse) de jus de pommes non sucré
1/2 boîte de 398 ml (14 oz) d'ananas
broyés, dans leur jus naturel, non égouttés
2 ml (1/2 c. à thé) d'essence de vanille
Pincée de cannelle

1. Faire gonfler la gélatine dans le jus de pommes.
2. Dans une petite casserole, faire chauffer les ananas et les ajouter au jus de pommes.
3. Brasser pour bien dissoudre la gélatine.
4. Ajouter l'essence de vanille et la cannelle.
5. Verser dans des coupes à dessert et laisser prendre au froid.

Aliments à acheter pour 2 personnes (Menu II)

PRODUITS LAITIERS

Lait écrémé ou à 2%: 4 litres (4 pintes)
Yogourt nature: 500 g (1 lb)
Fromage cottage: 250 g (9 oz)
Fromage cheddar: 300 g (10 oz)
Fromage Mozarella à 2%: 200 g (7 oz)
Lait glacé: 250 ml (1 tasse)

VIANDES ET SUBSTITUTS

Oeufs: 1 douzaine
Steak haché: 400 g (1 lb)
Poulet: 2 poitrines
Foie: 200 g (7 oz)
Filet de poisson: 225 g (1/2 lb)
Saumon: 1 boîte de 220 g (7 3/4 oz)
Fèves sèches non cuites: 160 ml (2/3 tasse)

PAIN ET CÉRÉALES

Pain de blé entier: 1 pain (12 tranches)
Pain aux raisins: 4 tranches
Petits pains: 2
Pains pour hamburgers: 2
Biscuits à l'avoine
Biscuits secs
Riz non cuit: 175 ml (3/4 tasse)
Gruau non cuit: 375 ml (1 1/2 tasse)
Céréales de blé entier: 375 ml (1 1/2 tasse)
Germe de blé: 60 ml (4 c. à table)
Gaufres au son: 2
Macaroni en coudes non cuits: 125 ml (1/2 tasse)
Farine tout usage: 375 ml (1 1/2 tasse)
Farine de blé entier: 375 ml (1 1/2 tasse)

FRUITS ET LÉGUMES

Fruits frais:
- 7 pommes
- 6 poires
- 4 bananes
- 1 cantaloup

Conserves:

- Ananas broyés: 398 ml (14 oz)
- Betteraves: 285 ml (10 oz)
- Maïs en crème: 125 ml (4 oz)
- Tomates: 285 ml (10 oz)
- Champignons: 125 ml (1/2 tasse)
- Sauce tomate: 250 ml (8 oz)
- Soupe aux légumes: 540 ml (19 oz)

Légumes frais:

- 1 navet
- 3 carottes
- 4 tomates
- 1 laitue
- 1 poivron vert
- 6 pommes de terre
- 2 oignons

Surgelés:

- 1 paquet de brocoli: 285 g (10 oz)
- 1 paquet de haricots verts: 285 g (10 oz)
- Fraises: 125 g (4 oz)

Jus: Jus de pommes: 500 ml (2 tasses)

- Jus d'orange surgelé: 175 ml (6 oz)
- Jus de légumes: 285 ml (10 oz)
- Jus de tomates: 285 ml (10 oz)
- Jus de pamplemousse: 175 ml (6 oz)

Raisins secs: 30 ml (2 c. à table)

DIVERS

Beurre ou margarine: 160 ml (2/3 tasse)
Huile de maïs: 160 ml (2/3 tasse)
Tisane, thé, café décaféiné
Crème de champignons: 285 ml (10 oz)
Crème de tomates: 285 ml (10 oz)

Crème de céleri: 285 ml (10 oz)
Vanille, cannelle, levure chimique (*poudre à pâte*), bicarbonate de soude (*soda à pâte*), sel, poivre, basilic, origan, persil, gingembre, poudre d'oignon, gélatine sans saveur, crème de tartre, zeste d'orange, sucre, cassonade, sirop d'érable, ketchup, moutarde, relish, vinaigre, gousse d'ail

N.B. Vous pouvez prévoir quelques portions supplémentaires de lait, de fruits ou de jus pour les goûters, si désiré.

Planification des repas

A) À l'achat

PRODUITS LAITIERS

- N'oubliez pas d'acheter le lait dans des emballages opaques pour éviter que la lumière détruise la riboflavine (vitamine B_2). Achetez-le dans des contenants de carton ou des sacs de plastique de couleur. Le lait écrémé en poudre constitue également un excellent achat car il est nutritif, peu cher, pauvre en gras et en calories. Préparé la veille ou mélangé avec du lait à 2%, sa saveur est améliorée.

VIANDES ET SUBSTITUTS

- Les fèves cuites en converve peuvent être très utiles lorsque vous n'avez pas suffisamment de temps pour préparer et cuire vos fèves sèches.

PAIN ET CÉRÉALES

- Conservez vos pains au congélateur et décongelez-les selon vos besoins; ils seront toujours à leur meilleur.
- Le riz brun et le riz ordinaire constituent de bons achats. Évitez le riz minute, celui-ci étant plus

cher et moins nutritif. Il en est de même pour le gruau instantané.

FRUITS ET LÉGUMES

- Évitez d'acheter des boîtes de conserve bosselées, bombées ou rouillées, même si elles sont offertes à prix réduit.
- Les légumes surgelés constituent souvent de meilleurs achats que les légumes en conserve: moins de pertes, car vous ne payez ni le liquide de la conserve, ni les pelures, ni les parties fibreuses ou gâtées des légumes frais. On y gagne également en valeur nutritive, en apparence et en saveur.

B) À la préparation

JOUR 1

- Menu pour un dimanche ou une occasion spéciale: un brunch! L'omelette aux fraises peut être préparée avec des fraises fraîches (en saison) ou décongelées, bien égouttées. Les fraises peuvent être remplacées par des pêches tranchées en conserve bien égouttées. Essayez, c'est un délice!
- Le pain aux pommes se congèle en tranchcs individucllcs. Pour fairc dcs tranches rondes, faites cuire le pain dans une boîte de conserve graissée de 796 ml (28 oz) ou dans 2 boîtes de

540 ml (19 oz). Une présentation originale pour rompre la monotonie.

- Utilisez la moitié de la boîte de saumon pour la blanquette et conservez le reste au réfrigérateur pour les tomates farcies au saumon du Jour 3.

JOUR 2

- Faites cuire les 2 poitrines de poulet au repas du midi et gardez 250 ml (1 tasse) de poulet cuit pour la salade de riz et poulet du repas du soir.
- Salade de riz et poulet: conservez le reste de la crème de céleri pour la tomate farcie au saumon du lendemain.
- Gardez le reste de la crème de champignons pour le Jour 4.
- Faites cuire 175 ml (3/4 tasse) de riz, vous en obtiendrez le double après cuisson. Utilisez 250 ml (1 tasse) de riz cuit pour la salade de riz et conservez le reste au réfrigérateur, vous vous en servirez pour préparer la tomate farcie au saumon du Jour 3 et le pouding au riz du Jour 6.

JOUR 4

- Conservez le reste de la crème de tomates pour servir avec le foie au Jour 5.

JOUR 5

- Les muffins aux bananes se congèlent bien.

- Pour obtenir une saveur plus délicate et un foie de porc plus tendre, faites-le tremper dans du lait, 30 minutes avant la cuisson. Éviter une cuisson prolongée afin que le foie ne durcisse pas.
- Conservez le reste des ananas broyés pour la gelée aux ananas du Jour 7.
- Faites tremper durant la nuit les fèves que vous servirez au Jour 7.

JOUR 6

- Jetez l'eau de trempage des fèves et préparez les fèves au four et vous n'aurez qu'à les réchauffer demain midi.
- Préparez aussi la gelée aux ananas pour demain.
- La pomme de terre cuira au four en même temps que le soufflé au fromage.
- Utilisez un jaune d'oeuf pour préparer le pouding au riz et conservez le blanc pour la mousse aux bananes du lendemain.

JOUR 7

- Préparez la mousse aux bananes à la dernière minute. Utilisez de préférence des bananes bien mûres, la mousse aura alors une saveur plus sucrée et elle sera plus facile à digérer.

Menu III

MENUS POUR 2 PERSONNES

Ce troisième menu vise à prévenir ou à corriger un problème très fréquent parmi la population en général, et particulièrement chez les gens du troisième âge: la constipation. Le menu suggéré sera donc très riche en fibres alimentaires. On tient compte également de l'hydratation en suggérant plusieurs verres d'eau par jour en plus des jus et des boissons consommés aux repas.

Le son et les céréales à grains entiers sont utilisés tous les jours et sous différentes formes: pains de blé entier, crêpes au gruau, muffins aux flocons d'avoine, céréales à déjeuner au blé entier, boulettes de boeuf au son, riz brun, gruau, céréales de son, gaufre au son, germe de blé, biscuits au son, farine de blé entier, etc. Le son a la propriété de laisser beaucoup de déchets dans l'intestin, ce qui favorise les mouvements péristaltiques; il a également la propriété d'absorber beaucoup d'eau, formant ainsi des selles molles et facilitant l'élimination.

Les fruits et légumes sont également très riches en fibres alimentaires. Afin de tenir compte également des personnes qui ont de la difficulté à mastiquer ou à digérer les crudités, les menus suggèrent des fruits et des légumes cuits, des soupes aux légumes, des desserts à base de fruits (compotes, mousse, fruits en conserve ou cuits au four, dattes, bananes mûres), des jus de fruits et de légumes, et des légumineuses. Les pruneaux et le jus de pruneaux semblent également avoir un effet légèrement laxatif chez certaines personnes. Pour ceux et celles qui peuvent bien tolérer les crudités, elles peuvent être ajoutées aux collations et/ou aux repas comme entrée.

D'autres mesures s'appliquent aux personnes qui souffrent de constipation, par exemple l'exercice (une promenade tous les jours), le fait d'adopter des habitudes régulières d'élimination et de respecter des périodes de détente et de relaxation au cours de la journée.

Les recettes suggérées donnent deux portions, mais plusieurs peuvent être adaptées aux personnes qui vivent seules:

1. en divisant la recette en deux;
2. en congelant la recette en portions individuelles, lorsque c'est possible;
3. en partageant le repas avec un(e) ami(e), ou un(e) voisin(e), car il est toujours plus agréable de ne pas manger seul(e).

JOUR 1

DÉJEUNER:	pruneaux cuits **muffins aux flocons d'avoine et aux pêches** fromage cottage 175 ml (6 oz) de lait écrémé ou à 2%
LUNCH:	foie de porc riz aux légumes choux de Bruxelles yogourt aux fruits, 175 ml (6 oz) tisane ou thé faible
REPAS DU SOIR:	soupe aux légumes blanquette de saumon sur pain de blé entier grillé compote de pommes tisane ou thé faible
GOÛTER:	fruit, légume ou jus 5-6 grands verres d'eau

Aliments en caractères gras: recette présentée à la suite des menus.

JOUR 2

DÉJEUNER:	pain doré (blé entier) avec compote de pommes lait écrémé ou à 2%, 175 ml (6 oz)
LUNCH:	**fèves de Lima en casserole** pommes de terre bouillies **flan** tisane ou thé faible
REPAS DU SOIR:	soupe aux légumes **petites crêpes au gruau** avec fromage cottage **mousse aux pruneaux** tisane ou thé faible
GOÛTER:	fruit, légume ou jus 5-6 grands verres d'eau

Aliments en caractères gras: recette présentée à la suite des menus.

JOUR 3

DÉJEUNER:	jus de raisins céréales à grains entiers 125 ml (1/2 tasse) céréales de son avec raisins secs et lait 60 ml (1/4 tasse) **café au lait**
LUNCH:	**boulettes de boeuf au son** choux de Bruxelles **muffins aux flocons d'avoine et aux pêches** tisane ou thé faible
REPAS DU SOIR:	jus de légumes **croque-saumon** yogourt à la vanille 175 ml (6 oz) tisane ou thé faible
GOÛTER:	fruit, légume ou jus 5-6 grands verres d'eau

Aliments en caractères gras: recette présentée à la suite des menus.

JOUR 4

DÉJEUNER:	jus de pruneaux 2 tranches de pain de blé entier grillées beurre d'arachide lait écrémé ou à 2%, 175 ml (6 oz)
LUNCH:	cuisse ou poitrine de poulet pommes de terre au four carottes en cubes blanc-manger aux pêches tisane ou thé faible
REPAS DU SOIR:	crème de poulet omelette aux légumes petit pain de blé entier **gelée aux raisins** tisane ou thé faible
GOÛTER:	fruit, légume ou jus 5-6 grands verres d'eau

Aliments en caractères gras: recette présentée à la suite des menus.

JOUR 5

DÉJEUNER:	quartiers d'oranges gruau avec ananas broyés lait à la cannelle et 30 ml (2 c. à table) de céréales de son **café au lait**
LUNCH:	filet de poisson pois verts et carottes **pain aux bananes** tisane ou thé faible
REPAS DU SOIR:	jus de légumes poulet à la King sur riz brun **pêche Melba** tisane ou thé faible
GOÛTER:	fruit, légume ou jus 5-6 grands verres d'eau

Aliments en caractères gras: recette présentée à la suite des menus.

JOUR 6

DÉJEUNER:	jus de pommes céréales de son avec lait et bananes tranchées **café au lait**
LUNCH:	soupe aux pois et aux légumes petit pain de blé entier fromage Mozarella à 2%, 60 g (2 oz) **carré aux dattes** tisane ou thé faible
REPAS DU SOIR:	bouillon de poulet oeuf poché sur pain de blé entier grillé laitue et tomates **pomme au four** lait à la vanille
GOÛTER:	fruit, légume ou jus 5-6 grands verres d'eau

Aliments en caractères gras: recette présentée à la suite des menus.

JOUR 7

DÉJEUNER:	orange gaufre au son (surgelée) avec fromage cottage lait écrémé ou à 2%, 175 ml (6 oz)
LUNCH:	1/2 sandwich au poulet chaud pommes de terre en purée pois verts **croustade de pommes** tisane ou thé faible
REPAS DU SOIR	jus de tomates **croquettes de poisson** biscuits au son lait chaud à la vanille
GOÛTER:	fruit, légume ou jus 5-6 grands verres d'eau

Aliments en caractères gras: recette présentée à la suite des menus.

Recettes du menu

FÈVES DE LIMA EN CASSEROLE

(2 portions)

1 petite boîte de 398 ml (14 oz) de fèves de Lima égouttées
1 petit oignon haché finement
1 ml (1/4 c. à thé) de basilic
125 ml (1/2 tasse) de crème de tomates condensée
60 ml (1/4 tasse) d'eau
125 ml (1/2 tasse) de fromage Mozarella à 2%, râpé

1. Dans une casserole, délayer la crème de tomates dans l'eau. Ajouter l'oignon et laisser mijoter quelques minutes.
2. Ajouter les fèves de Lima et le basilic.
3. Déposer dans un plat allant au four.
4. Saupoudrer de fromage râpé et passer sous le gril jusqu'à ce que le fromage soit fondu et doré.

FLAN

(2 portions)

250 ml (1 tasse) de lait écrémé ou à 2%
30 ml (2 c. à table) de sucre
1 oeuf battu
2 ml (1/2 c. à thé) de vanille

1. Faire frémir le lait. Retirer du feu.
2. Ajouter lentement l'oeuf battu en remuant sans arrêt. Ajouter le sucre et la vanille.
3. Verser dans 2 petits moules à pouding en pyrex.
4. Faire pocher dans une casserole d'eau chaude, de 40 à 45 minutes, au four à 180°C (350°F).
5. Retirer du four et refroidir les moules dans l'eau froide. Servir très froid.

PETITES CRÊPES AU GRUAU

(2 portions)

160 ml (2/3 tasse) de lait écrémé ou à 2%
125 ml (1/2 tasse) de gruau (non cuit)
80 ml (1/3 tasse) de farine de blé entier
5 ml (1 c. à thé) de levure chimique (*poudre à pâte*)
1 ml (1/4 c. à thé) de sel
1 oeuf battu
5 ml (1 c. à thé) d'huile de maïs

1. Verser le lait sur le gruau. Laisser reposer 5 minutes.
2. Mélanger la farine, la levure chimique (*poudre à pâte*) et le sel et ajouter au gruau avec l'oeuf battu et l'huile. Remuer jusqu'à ce que le mélange soit homogène.
3. Pour chaque crêpe, verser 60 ml (1/4 tasse) du mélange dans un poêlon huilé. Cuire jusqu'à ce que la crêpe soit dorée. Retourner une seule fois.

MOUSSE AUX PRUNEAUX

(2 portions)

1 blanc d'oeuf (conserver le jaune pour les boulettes de boeuf)
20 ml (4 c. à thé) de sucre
125 ml (1/2 tasse) de pruneaux cuits, hachés finement
Zeste d'orange râpé

1. Fouetter le blanc d'oeuf en neige avec le sucre. Incorporer délicatement les pruneaux.
2. Verser dans des coupes à dessert.
3. Saupoudrer de zeste d'orange.
4. Servir immédiatement.

BOULETTES DE BOEUF AU SON

(2 portions)

2 ml (1/2 c. à thé) de zeste de citron
60 ml (1/4 tasse) d'eau bouillante
60 ml (1/4 tasse) de céréales de son
175 g (6 oz) de steak haché maigre
30 ml (2 c. à table) de germe de blé
30 ml (2 c. à table) d'oignons hachés finement
1 jaune d'oeuf
Sel, poivre, crème de tomates

1. Verser l'eau bouillante sur les céréales. Laisser reposer 5 minutes.
2. Ajouter tous les autres ingrédients sauf la crème de tomates. Façonner en boulettes et les faire revenir de chaque côté dans un poêlon téflonisé.
3. Ajouter la crème de tomates. Réchauffer et servir.

MUFFINS AUX FLOCONS D'AVOINE ET AUX PÊCHES

(6 muffins)

125 ml (1/2 tasse) de farine de blé entier
150 ml (5/8 tasse) de flocons d'avoine
7 ml (1 1/2 c. à thé) de levure chimique (*poudre à pâte*)
1 ml (1/4 c. à thé) de sel
1 ml (1/4 c. à thé) de cannelle
30 ml (2 c. à table) de sucre
125 ml (1/2 tasse) de pêches, coupées en cubes
1 oeuf
125 ml (1/2 tasse) de lait écrémé ou à 2%
30 ml (2 c. à table) d'huile de maïs

1. Mélanger la farine, les flocons d'avoine, la levure chimique (*poudre à pâte*), le sucre, le sel et la cannelle.
2. Ajouter les cubes de pêches et bien mélanger pour les enrober de farine.
3. Mélanger l'oeuf, le lait et l'huile et ajouter aux ingrédients secs en une seule fois.
4. Remuer très peu, juste pour humecter les ingrédients secs.
5. Déposer aussitôt dans des moules à muffins graissés. Cuire 20 minutes à 200°C (400°F).
6. Meilleurs chauds ou tièdes.

N.B. Se congèlent bien.

CROQUE-SAUMON

(2 portions)

1/2 boîte de 220 g (7 3/4 oz) de saumon égoutté
2 tranches de pain de blé entier grillé
6 tranches de tomates
85 g (1/3 tasse) de fromage Mozarella à 2%, râpé

1. Déposer les tranches de tomates sur le pain grillé.
2. Recouvrir de saumon émietté et saupoudrer de fromage râpé.
3. Passer sous le gril jusqu'à ce que le fromage soit fondu et doré.

GELÉE AUX RAISINS

(2 portions)

7 ml (1 1/2 c. à thé) de gélatine sans saveur
15 ml (1 c. à table) d'eau froide
250 ml (1 tasse) de jus de raisins non sucré

1. Faire gonfler la gélatine dans l'eau froide.
2. Faire chauffer le jus de raisins et ajouter à la gélatine.
3. Remuer pour dissoudre.
4. Verser dans des coupes à dessert et laisser prendre au froid.

PAIN AUX BANANES

(12 tranches)

60 ml (1/4 tasse) d'huile de maïs
45 ml (3 c. à table) de sucre
2 oeufs
425 ml (1 3/4 tasse) de farine de blé entier
5 ml (1 c. à thé) de levure chimique (*poudre à pâte*)
2 ml (1/2 c. à thé) de bicarbonate de soude (*soda à pâte*)
2 ml (1/2 c. à thé) de sel
250 ml (1 tasse) de bananes bien mûres, écrasées (3)

1. Mélanger la farine, la levure chimique (*poudre à pâte*), le sel et le bicarbonate de soude (*soda à pâte*).

2. Mélanger les oeufs, l'huile, le sucre et les bananes et ajouter aux ingrédients secs.
3. Remuer pour bien mêler les ingrédients. Verser dans un moule à pain graissé.
4. Cuire de 50 à 60 minutes à 180°C (350°F).
5. Refroidir. Couper en tranches et congeler le surplus en tranches individuelles.

PÊCHES MELBA

(2 portions)

2 moitiés de pêches
2 boules de lait glacé à la vanille
125 ml (1/2 tasse) d'ananas broyés, non sucrés
15 ml (1 c. à table) de germe de blé

1. Déposer chaque moitié de pêche dans une coupe à dessert. Recouvrir chaque pêche d'une boule de lait glacé.
2. Recouvrir d'ananas broyés et saupoudrer de germe de blé. Servir immédiatement.

CROUSTADE DE POMMES

(2 portions)

2 petites pommes pelées, tranchées
5 ml (1 c. à thé) de jus de citron
5 ml (1 c. à thé) de cassonade
10 ml (2 c. à thé) de raisins secs
15 ml (1 c. à table) de margarine ou de beurre fondu
15 ml (1 c. à table) de farine de blé entier
45 ml (3 c. à table) de flocons d'avoine
1 ml (1/4 c. à thé) de cannelle
10 ml (2 c. à thé) de cassonade

1. Déposer les tranches de pommes dans un plat graissé allant au four. Recouvrir avec les raisins secs, le jus de citron et 5 ml (1 c. à thé) de cassonade.
2. Mêler ensemble la farine, le gruau, la cannelle, le beurre ou la margarine et 10 ml (2 c. à thé) de cassonade. Bien mêler pour lier les ingrédients et recouvrir les pommes de ce mélange.
3. Cuire 30 minutes à 180°C (350°F).
4. Servir tiède de préférence.

RIZ AUX LÉGUMES

(2 portions)

Voir page 94 et doubler la recette.

LAIT CHAUD À LA VANILLE

(2 portions)

Voir page 91 et doubler la recette.

CAFÉ AU LAIT

(2 portions)

Voir page 166 et doubler la recette.

CROQUETTES DE POISSON

(2 portions)

150 g (5 oz) de filet de poisson cuit
125 ml (1/2 tasse) de pommes de terre en purée
10 ml (2 c. à thé) de jus de citron
2 ml (1/2 c. à thé) de persil haché
0,5 ml (1/8 c. à thé) de thym
1 ml (1/4 c. à thé) de poudre d'oignon
30 ml (2 c. à table) de germe de blé

1. Mélanger tous les ingrédients ensemble, sauf le germe de blé, et façonner en croquettes.
2. Enrober de germe de blé.
3. Déposer sur une tôle à biscuits graissée et cuire 20 minutes à 180°C (350°F) ou faire revenir dans un poêlon téflonisé.

CARRÉS AUX DATTES

(16 carrés)

375 ml (1 1/2 tasse) de flocons d'avoine
125 ml (1/2 tasse) de farine de blé entier
60 ml (1/4 tasse) de germe de blé
80 ml (1/3 tasse) de cassonade tassée
2 ml (1/2 c. à thé) de sel
2 ml (1/2 c. à thé) de levure chimique (*poudre à pâte*)
125 ml (1/2 tasse) de margarine ou de beurre fondu
500 ml (2 tasses) de dattes hachées
250 ml (1 tasse) d'eau
5 ml (1 c. à thé) d'essence de vanille
5 ml (1 c. à thé) de zeste d'orange râpé

1. Mélanger ensemble les flocons d'avoine, la farine, le germe de blé, la cassonade, le sel, la levure chimique (*poudre à pâte*) et la margarine ou le beurre fondu.
2. Presser la moitié du mélange dans le fond d'un moule carré de 22 cm (9 po).
3. Cuire les dattes dans l'eau jusqu'à ce que l'eau soit complètement absorbée. Retirer du feu. Ajouter la vanille et le zeste d'orange.
4. Étendre cette préparation sur la base et recouvrir avec le reste du premier mélange en pressant bien.
5. Cuire 30 minutes à 180°C (350°F).
6. Laisser tiédir et découper en carrés.
7. Congeler les carrés non utilisés.

N.B. Se congèlent bien.

POMMES AU FOUR

(2 portions)

5 ml (1 c. à thé) de beurre ou de margarine
2 pommes pelées, vidées et coupées en moitiés
30 ml (2 c. à table) de raisins secs
45 ml (3 c. à table) de jus de pommes surgelé, non dilué
2 ml (1/2 c. à thé) d'essence de vanille
Pincée de cannelle

1. Badigeonner de beurre ou de margarine un plat allant au four.
2. Dans un petit bol, mélanger le jus de pommes et la vanille et enrober les pommes de ce mélange.
3. Déposer les pommes dans le plat, saupoudrer de raisins secs et de cannelle et verser le reste du jus de pommes. Cuire 20 minutes à 180°C (350°F). Servir tiède.

Aliments à acheter pour 2 personnes (Menu III)

PRODUITS LAITIERS

Lait écrémé ou à 2%: 4 1/2 litres (5 pintes)
Yogourt aux fruits: 2 contenants de 175 ml (6 oz)
Yogourt à la vanille: 2 contenants de 175 ml (6 oz)
Fromage cottage: 500 g (18 oz)
Fromage Mozarella à 2%: 350 g (12 oz)
Lait glacé: 250 ml (1 tasse)

VIANDES ET SUBSTITUTS

Oeufs: 1 douzaine
Steak haché: 200 g (7 oz)
Poulet: 1 poulet de 1 1/2 à 2 kg (3-4 lb)
Foie: 200 g (7 oz)
Filet de poisson: 450 g (1 lb)
Saumon: 1 boîte de 220 g (7 3/4 oz)

Fèves de Lima: 1 boîte de 398 ml (14 oz)
Soupe aux pois: 1 boîte de 398 ml (14 oz)
Beurre d'arachide: 45 ml (3 c. à table)

PAIN ET CÉRÉALES

Pain de blé entier: 1 pain (16 tranches)
Petits pains de blé entier: 4 unités
Gaufres au son: 2 unités
Biscuits au son
Céréales de blé entier: 250 ml (1 tasse)
Céréales de son: 500 ml (2 tasses)
Gruau non cuit: 875 ml (3 1/2 tasses)

Riz brun non cuit: 250 ml (1 tasse)
Germe de blé: 90 ml (6 c. à table)
Farine de blé entier: 875 ml (3 1/2 tasses)
Farine tout usage: 60 ml (4 c. à table)

FRUITS ET LÉGUMES

Fruits frais:
- **4 oranges**
- **4 pommes**
- **5 bananes**

Légumes frais:
- **2 tomates**
- **1 laitue**
- **4 carottes**
- **7 pommes de terre**
- **1 poivron vert**
- **2 oignons**
- **1 pied de céleri**
- **Choux de Bruxelles: 450 g (1 lb)**

Conserves:
- **Ananas broyés non sucrés: 398 ml (14 oz)**
- **Pêches en moitiés: 540 ml (19 oz)**
- **Compote de pommes: 540 ml (19 oz)**
- **Pois verts: 398 ml (14 oz)**
- **Soupe aux légumes: 796 ml (28 oz)**

Jus de fruits:
- **Jus de pommes surgelé: 175 ml (6 oz)**
- **Jus de raisins non sucré: 500 ml (2 tasses)**
- **Jus de pruneaux non sucré: 250 ml (1 tasse)**
- **Jus de citron: 15 ml (1 c. à table)**
- **Jus de légumes: 540 ml (19 oz)**
- **Jus de tomates: 285 ml (10 oz)**

Fruits séchés:

Raisins secs: 90 ml (6 c. à table)
Pruneaux séchés: 1 paquet de 250 g (9 oz)

DIVERS

Beurre ou margarine: 250 ml (1 tasse)
Huile de maïs: 160 ml (2/3 tasse)
Crème de tomates: 285 ml (10 oz)
Crème de poulet: 285 ml (10 oz)
Tisane, thé, café décaféiné
Vanille, cannelle, zeste d'orange et de citron
Levure chimique (*poudre à pâte*), gélatine neutre, bicarbonate de soude (*soda à pâte*)
Sauce brune: 250 ml (1 tasse)
Sucre, cassonade, fécule de maïs
Sel, poivre, basilic, thym, persil, poudre d'oignon.

N.B. Vous pouvez prévoir quelques portions supplémentaires de légumes, de fruits ou de jus pour les goûters, si désiré.

Planification des repas

A) À l'achat

PRODUITS LAITIERS

- Le fromage Mozarella se congèle, après avoir été séparé en portions individuelles ou après avoir été râpé.
- Lait glacé: achetez le plus petit contenant.

VIANDES ET SUBSTITUTS

- Vous pouvez acheter vos viandes en plus grande quantité lorsque le prix est réduit et les congeler en portions individuelles. Attention! Ne recongelez pas une viande qui a déjà décongelé.
- On peut acheter les fèves de Lima congelées en paquet de 285 g (10 oz).

PAIN ET CÉRÉALES

- Pour varier on peut remplacer le pain de blé entier par du pain de seigle, ou d'avoine, nutritif et riche en fibres.
- Conservez le germe de blé au réfrigérateur, une fois ouvert.

FRUITS ET LÉGUMES

- Conservez vos fruits et légumes au réfrigérateur ou sortez les quantités dont vous avez besoin à mesure si vous les préférez à la température de la pièce.
- N'achetez pas vos jus dans des contenants en verre car ceux-ci laissent passer la lumière qui détruit certaines vitamines. Évitez d'acheter les boissons ou cristaux à saveur de fruits: ils contiennent beaucoup de sucre et de produits artificiels. Achetez des jus de fruits non sucrés.

DIVERS

- Les corps gras (beurre, margarine, huile ainsi que beurre d'arachide) doivent être conservés au froid pour retarder l'oxydation qui donne un goût rance.

B) À la préparation

JOUR 1

- Préparer le flan aujourd'hui, il sera prêt pour demain midi.
- Conservez les muffins qui restent au congélateur. Vous n'aurez qu'à les décongeler selon vos besoins et les faire chauffer avant de les servir. Le reste des pêches servira aux Jours 4 et 5.
- Faites cuire 250 ml (1 tasse) de pruneaux et conservez-en 125 ml

(1/2 tasse) pour la mousse aux pruneaux du lendemain.

- Faites cuire 160 ml (2/3 tasse) de riz brun, vous en obtiendrez 500 ml (2 tasses) une fois cuit. Servez-en la moitié sous forme de riz aux légumes et conservez le reste au réfrigérateur pour servir avec le poulet à la King du Jour 5.
- Utilisez 1/2 boîte de 220 g (7 3/4 oz) de saumon pour la blanquette. Le reste servira à la préparation des croque-saumon du Jour 3.

JOUR 2

- Fèves de Lima en casserole: conservez le reste de la crème de tomates pour servir avec les boulettes de boeuf au son du lendemain.
- Mousse aux pruneaux: conservez le jaune d'oeuf pour préparer les boulettes au son du lendemain.
- On peut faire cuire une plus grande quantité de crêpes et les congeler individuellement; il suffira par la suite de décongeler selon vos besoins et de les faire réchauffer au four avant de servir.

JOUR 3

- Préparer la gelée aux raisins dès aujourd'hui pour qu'elle soit bien prise demain.

JOUR 4

- Faites cuire le poulet entier. Après la cuisson, désossez et conservez du poulet cuit coupé en cubes pour le poulet à la King du Jour 5, et du poulet tranché pour le sandwich au poulet chaud du Jour 7. Faites bouillir la carcasse avec de l'oignon et des fines herbes; puis couler, refroidir et enlever le gras. Vous aurez un bouillon de poulet pour le Jour 6. Congelez le reste du bouillon pour les semaines suivantes. N'oubliez pas de laisser un espace de 1 cm (1/2 po) car les liquides gonflent lorsqu'ils sont congelés.
- Une heure avant la fin de la cuisson du poulet, ajoutez les pommes de terre au four; vous économiserez ainsi de l'électricité.

JOUR 5

- Servez des ananas broyés avec votre gruau au lieu du sucre; c'est délicieux! Le reste des ananas servira à la préparation des pêches Melba du repas du soir.
- Conservez le reste des pois verts pour le Jour 7.
- Le pain aux bananes se congèle en tranches individuelles; il vous suffira de décongeler selon vos besoins.

- Garder une portion de poisson cuit pour les croquettes du Jour 7.

JOUR 6
- Les carrés aux dattes se congèlent bien, coupés en portions individuelles. Vous n'aurez qu'à les décongeler les jours où vous aurez moins de temps pour cuisiner ou lorsque vous aurez des invités surprises.

JOUR 7
- Faites cuire une portion supplémentaire de pommes de terre en purée le midi et conservez-la pour les croquettes de poisson; votre repas du soir sera prêt en un clin d'oeil!

Important: N'oubliez pas vos verres d'eau (au moins 5 ou 6 par jour).

Menu IV

6 MINI-REPAS POUR PERSONNE SEULE

Ce dernier menu, un peu plus spécial, a été conçu à l'intention de personnes ayant peu d'appétit, qui ont une digestion lente et difficile, et qui ne tolèrent pas les crudités.

En raison du manque d'appétit, les repas ont été divisés en plusieurs petits repas au cours de la journée. Les repas légers sont souvent mieux tolérés par les estomacs fragiles. Même les gens en santé préfèrent parfois manger plus souvent et moins à la fois.

En raison de la fragilité de l'intestin et de l'estomac, les aliments les plus susceptibles de fermenter et de donner des gaz ont été réduits, tels que les légumes de la famille du chou et de l'oignon. Les aliments très sucrés, très gras, très salés et très épicés ont également été bannis.

Les aliments suggérés se digèrent facilement, ils sont de préférence de consistance molle (ex.: légumes en purée, potage aux légumes, béchamels, desserts à base de lait, jus de fruits et de légumes, céréales chaudes ou froides, fruits en conserve, viandes tendres et maigres).

Ici encore, malgré certaines restrictions, la variété est assurée ainsi que la valeur nutritive. Les aliments riches en fer sont particulièrement bien représentés: foie de poulet, crème de blé enrichie, muffins riches en fer (recette spéciale), jus de pruneaux, oeufs, etc.

Le menu est constitué d'aliments qui demandent peu de préparation, car d'habitude les gens qui ont des maux d'estomac n'ont pas tellement le goût de cuisiner.

Les recettes proposées sont en fonction des personnes qui vivent seules. Les couples n'ont qu'à doubler les recettes. Quelques-unes des recettes se congèlent bien.

Les mets proposés sont économiques et peuvent convenir aux budgets plus limités.

Le thé et le café apparaissent sur quelques menus, mais il est préférable de les remplacer par des boissons ne contenant pas de caféine telles que: postum, tisane, eau, jus, lait; la caféine étant déconseillée aux gens qui ont des maux d'estomac et des ulcères.

JOUR 1

DÉJEUNER:	**muffin riche en fer** **lait de poule à l'orange**
GOÛTER:	jus de tomates
LUNCH:	filet de poisson grillé riz persillé haricots verts tisane ou thé faible
GOÛTER:	compote de pommes
REPAS DU SOIR:	flocons de maïs lait écrémé ou à 2%, 175 ml (6 oz) banane bien mûre tranchée fromage Mozarella à 2%, 30 g (1 oz) tisane ou thé faible
GOÛTER:	pouding à la vanille tisane ou postum

Aliments en caractères gras: recette présentée à la suite des menus.

JOUR 2

DÉJEUNER:	jus de canneberges pain enrichi grillé avec beurre d'arachide crémeux **lait à la vanille**
GOÛTER:	jus de tomates
LUNCH:	cuisse de poulet au four pomme de terre au four 2 galettes à la mélasse tisane ou thé faible
GOÛTER:	1 pêche tranchée en conserve avec lait glacé
REPAS DU SOIR:	pain doré avec compote de pommes tisane ou thé faible
GOÛTER:	yogourt, 175 ml (6 oz) tisane ou postum

Aliments en caractères gras: recette présentée à la suite des menus.

JOUR 3

DÉJEUNER:	jus d'orange gruau avec lait écrémé ou à 2%, 125 ml (6 oz) **café au lait**
GOÛTER:	jus de canneberges
LUNCH:	crème de céleri **croquettes de poisson** haricots verts petit pain enrichi tisane ou thé faible
GOÛTER:	**gelée aux canneberges**
REPAS DU SOIR:	omelette nature pain enrichi grillé purée de carottes tisane ou thé faible
GOÛTER:	**lait fouetté aux bananes**

Aliments en caractères gras: recette présentée à la suite des menus.

JOUR 4

DÉJEUNER:	céréales Rice Krispies avec 175 ml (6 oz) de lait écrémé ou à 2% et pêches en conserve tranchées café décaféiné ou postum
GOÛTER:	jus d'ananas
LUNCH:	foies de poulet sur riz pommes de terre et carottes en purée tisane ou thé faible
GOÛTER:	pouding à la vanille
REPAS DU SOIR:	potage aux légumes pain enrichi grillé fromage Mozarella à 2% (45 g, 1 1/2 oz) tisane ou thé faible
GOÛTER:	**gelée aux canneberges** tisane ou postum

Aliments en caractères gras: recette présentée à la suite des menus.

JOUR 5

DÉJEUNER:	jus de pamplemousse pain enrichi grillé oeuf poché **café au lait**
GOÛTER:	jus de pruneaux "pétillant"
LUNCH:	jus de légumes **salade riz et saumon** tisane ou thé faible
GOÛTER:	1/2 pêche en conserve avec une boule de lait glacé
REPAS DU SOIR:	béchamel aux carottes petit pain et fromage Mozarella à 2% (45 g, 1 1/2 oz) tisane ou thé faible
GOÛTER:	1 poire en conserve avec 175 ml (6 oz) de yogourt tisane ou postum

Aliments en caractères gras: recette présentée à la suite des menus.

JOUR 6

DÉJEUNER:	**muffin riche en fer** 1 poire en conserve et fromage cottage (60 ml, 1/4 tasse) **lait à la vanille**
GOÛTER:	**jus de pamplemousse "pétillant"**
LUNCH:	**nouilles au boeuf** haricots jaunes tisane ou thé faible
GOÛTER:	**jus d'ananas et de bananes**
REPAS DU SOIR:	**potage aux légumes** sandwich grillé au fromage tisane ou thé faible
GOÛTER:	blanc-manger tisane ou postum

Aliments en caractères gras: recette présentée à la suite des menus.

JOUR 7

DÉJEUNER:	jus de pruneaux crème de blé avec lait écrémé ou à 2% (125 ml, 4 oz) café décaféiné ou Postum
GOÛTER:	jus de légumes
LUNCH:	steak haché haricots jaunes 2 galettes à la mélasse tisane ou thé faible
GOÛTER:	blanc-manger
REPAS DU SOIR:	crème de céleri petit pain enrichi avec fromage cottage (125 ml, 1/2 tasse) tisane ou thé faible
GOÛTER:	1/2 banane bien mûre tranchée dans du lait écrémé ou à 2% (125 ml, 4 oz) tisane ou Postum

Recettes du menu

MUFFINS RICHES EN FER

(6 muffins)

125 ml (1/2 tasse) de semoule de blé enrichie
125 ml (1/2 tasse) de farine tout usage
30 ml (2 c. à table) de sucre
1 ml (1/4 c. à thé) de sel
10 ml (2 c. à thé) de levure chimique (*poudre à pâte*)
30 ml (2 c. à table) d'huile de maïs
85 ml (1/3 tasse) de lait écrémé ou à 2%
1 oeuf battu
2 ml (1/2 c. à thé) d'essence de vanille

1. Mélanger tous les ingrédients secs ensemble.
2. Mélanger l'oeuf, le lait, l'huile et l'essence et ajouter en une seule fois aux ingrédients secs en remuant très peu, juste pour humecter les ingrédients secs.
3. Déposer dans 6 moules à muffins graissés.
4. Cuire 20 minutes à 200°C (400°F).

N.B. Meilleurs chauds; se congèlent bien.

LAIT À LA VANILLE

(1 portion)

Voir page 91

CAFÉ AU LAIT

(1 portion)

125 ml (4 oz) de café décaféiné bouillant
125 ml (4 oz) de lait écrémé ou à 2%, bouillant

Mélanger ensemble le lait et le café dans un grand bol.

CROQUETTES DE POISSON

(1 portion)

90 g (3 oz) de filet de poisson cuit
60 ml (1/4 tasse) de pommes de terre en purée
5 ml (1 c. à thé) de jus de citron
1 ml (1/4 c. à thé) de persil
0,5 ml (1/8 c. à thé) de poudre d'oignon
Pincée de poivre et de thym

1. Mélanger tous les ingrédients ensemble et façonner en boulettes.
2. Déposer sur une tôle à biscuits graissée et cuire 20 minutes à 180°C (350°F) ou faire rôtir des deux côtés dans un poêlon téflonisé.

GELÉE AUX CANNEBERGES

(2 portions)

7 ml (1 1/2 c. à thé) de gélatine sans saveur
15 ml (1 c. à table) d'eau froide
125 ml (1/2 tasse) de jus de canneberges chaud
125 ml (1/2 tasse) de jus de canneberges froid

1. Faire gonfler la gélatine dans l'eau froide.
2. Ajouter le jus chaud. Remuer pour dissoudre la gélatine et ajouter le jus froid.
3. Verser dans 2 coupes à dessert.
4. Laisser prendre au froid.

LAIT FOUETTÉ AUX BANANES

(1 portion)

1 petite banane bien mûre
175 ml (6 oz) de lait écrémé ou à 2%
1 ml (1/4 c. à thé) d'essence de vanille
Pincée de muscade

1. Déposer les ingrédients dans le mélangeur et battre à grande vitesse durant quelques secondes.
2. Verser dans un grand verre. Boire très froid.

LAIT DE POULE À L'ORANGE

(1 portion)

1 oeuf
175 ml (6 oz) de lait écrémé ou à 2%
125 ml (4 oz) de jus d'orange non sucré
0,5 ml (1/8 c. à thé) d'essence de vanille

1. Déposer tous les ingrédients dans le mélangeur et battre à grande vitesse durant quelques secondes.
2. Verser dans un verre. Boire très froid.

SALADE RIZ ET SAUMON

(1 portion)

125 ml (1/2 tasse) de riz cuit
1 petite boîte de 120 g (3 1/2 oz) de saumon
60 ml (1/4 tasse) de fromage cottage
0,5 (1/8 c. à thé) de poudre d'oignon
Pincée de basilic

Mélanger tous les ingrédients ensemble et servir.

NOUILLES AU BOEUF

(1 portion)

80 ml (1/3 tasse) de nouilles non cuites
90 g (3 oz) de steak haché
5 ml (1 c. à thé) d'huile de maïs
15 ml (1 c. à table) de sauce chinoise (soya)
Poudre d'oignon

1. Cuire les nouilles. Rincer à l'eau froide et égoutter.
2. Faire revenir le steak haché dans l'huile. Ajouter les autres ingrédients.
3. Réchauffer et servir.

JUS D'ANANAS ET DE BANANES

(1 portion)

125 ml (1/2 tasse) de jus d'ananas non sucré
1/2 banane bien mûre

1. Déposer les ingrédients dans le mélangeur et battre à grande vitesse quelques secondes.
2. Verser dans un verre. Servir très froid.

POTAGE AUX LÉGUMES

(2 portions)

7,5 ml (1/2 c. à table) de beurre ou de margarine
15 ml (1 c. à table) de farine tout usage
250 ml (1 tasse) de lait écrémé ou à 2%
125 ml (1/2 tasse) de purée de légumes (carottes)
Sel et poivre au goût
Fines herbes au goût

1. Faire fondre le beurre ou la margarine dans la partie supérieure du bain-marie.
2. Ajouter la farine et bien mêler.
3. Ajouter graduellement le lait en remuant constamment jusqu'à épaississement.
4. Ajouter la purée de légumes et les assaisonnements. Réchauffer et servir.

JUS PÉTILLANT (PRUNEAUX OU PAMPLEMOUSSE)

(1 portion)

Mélanger 125 ml (1/2 tasse) de jus de fruits non sucré et 125 ml (1/2 tasse) d'eau minérale gazéifiée. Servir aussitôt très froid.

(Menu IV)
Aliments à acheter pour 1 personne

PRODUITS LAITIERS

Lait écrémé ou à 2%: 3 litres (3 pintes)
Yogourt: 2 contenants de 175 ml (6 oz)
Fromage cottage: 250 g (8 oz)
Fromage Mozarella à 2%: 120 g (4 oz)
Fromage tranché: 1 tranche (30 g, 1 oz)
Lait glacé: 250 ml (1 tasse)

VIANDES ET SUBSTITUTS

Oeufs: 5 unités
Steak haché: 180 g (6 oz)
Poulet: 1 cuisse
Foie de poulet: 100 g (3 1/2 oz)
Filet de poisson: 200 g (7 oz)
Saumon: 1 boîte de 110 g (3 1/2 oz)
Beurre d'arachide crémeux: 22 ml (1 1/2 c. à table)

PAIN ET CÉRÉALES

Pain blanc enrichi: 1/2 pain (8 tranches)
Petits pains enrichis: 3 unités
Biscuits secs
Flocons de maïs: 250 ml (1 tasse)
Céréales Rice Krispies: 375 ml (1 1/2 tasse)
Semoule de blé (crème de blé): 250 ml (1 tasse)
Gruau non cuit: 80 ml (1/3 tasse)
Galettes à la mélasse: 4 unités
Nouilles non cuites: 80 ml (1/3 tasse)
Riz ordinaire non cuit: 125 ml (1/2 tasse)
Farine tout usage: 125 ml (1/2 tasse)

FRUITS ET LÉGUMES

Fruits et légumes frais:

- 3 bananes
- 2 pommes de terre
- 6 carottes

Conserves:

- Haricots verts: 342 ml (12 oz)
- Haricots jaunes: 342 ml (12 oz)
- Poires en demies: 398 ml (14 oz)
- Pêches tranchées: 398 ml (14 oz)
- Compote de pommes: 250 ml (8 oz)

Jus:

- Jus de tomates: 285 ml (10 oz)
- Jus de légumes: 285 ml (10 oz)
- Jus d'orange: 285 ml (10 oz)
- Jus de pamplemousse: 285 ml (10 oz)
- Jus d'ananas: 285 ml (10 oz)
- Jus de pruneaux: 250 ml (8 oz)
- Jus de canneberges: 500 ml (16 oz)
- Jus de citron: 5 ml (1 c. à thé)

DIVERS

Crème de céleri: 285 ml (10 oz)
Huile de maïs: 45 ml (3 c. à table)
Beurre ou margarine: 60 ml (1/4 tasse)
Eau minérale gazéifiée: 250 ml (8 oz)
Pouding instantané à la vanille: 1 sachet
Tisane, thé, café décaféiné, postum, sucre, vanille, fécule de maïs, gélatine sans saveur, sel, levure chimique (*poudre à pâte*), muscade, sauce soya, persil, thym, basilic, poivre, poudre d'oignon

Planification des repas

A) À l'achat

PRODUITS LAITIERS

- Le yogourt préparé à la maison est moins coûteux et se conserve de trois semaines à un mois au réfrigérateur. Dans ce cas, achetez un litre (1 pinte) de lait supplémentaire ainsi qu'une enveloppe de culture bactérienne.

VIANDES ET SUBSTITUTS

- N'achetez que six oeufs à la fois, vous en aurez ainsi toujours des frais à votre disposition.

PAIN ET CÉRÉALES

- Évitez l'achat de céréales sucrées.

FRUITS ET LÉGUMES

- Lisez attentivement l'étiquette des jus de fruits. Les mots "jus" et "non sucré" doivent être indiqués.

B) À la préparation

JOUR 1

- Pouding instantané à la vanille: pour préparer une seule portion, utilisez

30 ml (2 c. à table) de poudre et 125 ml (1/2 tasse) de lait.

- Faites cuire 125 ml (1/2 tasse) de riz. Une fois cuit, gardez le surplus au réfrigérateur pour les Jours 4 et 5.
- Conservez un peu de poisson cuit pour les croquettes de poisson du Jour 3.

JOUR 2

- Préparez dès aujourd'hui la gelée aux canneberges du lendemain.
- La pomme de terre au four cuira en même temps que le poulet.
- Le reste des pêches en conserve sera servi avec les céréales au déjeuner du Jour 4 et comme goûter, accompagné de lait au Jour 5.

JOUR 3

- En préparant les croquettes de poisson, faites une portion supplémentaire de pommes de terre en purée, elles seront prêtes demain midi.
- Au repas du soir, préparez également deux portions de plus de carottes en purée, vous les mélangerez aux pommes de terre en purée demain midi. L'autre portion servira à la préparation du potage aux légumes du repas du soir. Vous économiserez temps et énergie!
- Gardez le reste de la crème de céleri pour servir comme soupe au Jour 7 après l'avoir diluée avec du lait.

JOUR 5 • Le reste des poires sera servi au déjeuner du lendemain avec du fromage cottage.

JOUR 6 • Préparez deux portions de blanc-manger et gardez-en une pour le lendemain.

Chapitre 3

La retraite-loisir

A) LES RELATIONS SOCIALES

On parle beaucoup de l'isolement social dans lequel vit la majorité des personnes âgées; celles-ci voient leur environnement familial et amical se réduire, à cause du décès de plusieurs parents et amis. Pour la femme, le vieillissement, c'est d'abord le veuvage. Quatre femmes sur cinq, au Québec, sont appelées à devenir veuves, et il y a de cinq à dix veuves pour un veuf. La femme a une espérance de vie plus grande que celle de l'homme. Par contre, elle épouse un homme généralement plus âgé qu'elle. Cette tendance mondiale a une propension à s'accroître au Québec.

L'éloignement des enfants et la retraite coupent brutalement les gens âgés de la plus grande partie des relations sociales directes. Les effets de l'abandon du rôle professionnel et d'un certain nombre d'autres rôles (ex.: rôle parental) se manifestent dans le type de vie sociale pratiqué au moment de la retraite. On assiste alors à une sensation de rejet ou à une participation active à la vie sociale. Il existe différents types de relations sociales:

- étendues: clubs, associations, sorties, voyages, activités culturelles;
- indirectes: relations plus privées que collectives (ex.: famille, médias: radio, télévision, journaux).

Absence de relations sociales: aucune ressource matérielle ou intellectuelle. La santé décline, donc, rupture sociale conduisant à la solitude et/ou à l'isolement.

L'isolement amène le désengagement et le sentiment d'impuissance. Chez la personne qui a des relations sociales restreintes, nous retrouvons à la fois un désir de contact avec le monde extérieur, un désir de sociabilité, mais aussi un désir de rester tranquille chez soi et de garder son autonomie.

B) LES LOISIRS

Le temps de loisir à la retraite est doublement déterminé par la vie active: l'activité de travail et l'activité de loisir. Les loisirs varient en fonction des catégories sociales. Les personnes qui exercent des tâches de décision ont davantage la possibilité de développer leurs loisirs. Les travailleurs manuels ont tendance à moins bien se préparer au temps libre de la retraite.

Les loisirs n'ont pas la même signification pour les personnes actives que pour les retraités. Pour les actifs, ils signifient récupération physique et intellectuelle et également reproduction de la force de travail. Pour les retraités, ils comblent le temps libre, ils compensent l'absence d'activité sociale (loisirs individuels), ils permettent les contacts avec les amis, la famille et la société (loisirs communautaires et médias) ou la participation à la culture (loisirs culturels). En même temps, ils reproduisent les habitudes acquises. Donc, au moment de la retraite, les loisirs sont soumis à différents facteurs:

1. la santé et le revenu;
2. les progrès techniques et les difficultés d'adaptation aux changements;
3. les médias et la publicité;
4. le phénomène de consommation de masse.

L'état de santé a une influence déterminante sur les loisirs. Un bon état de santé permet une plus grande variété de loisirs. Mais il n'assure une insertion sociale satisfaisante que si les relations familiales sont bonnes et si l'indépendance financière de la personne âgée est bien établie.

C) LA VIE SOCIALE À L'HEURE DE LA RETRAITE

Avec la retraite et le vieillissement, les relations sociales, familiales et extra-familiales des retraités subissent des modifications importantes.

D'une part, en quittant son activité professionnelle, la personne retraitée se retire d'une situation sociale qui réunisssait toutes les conditions favorables à des échanges de relations (lieu de rencontre, activité commune, temps passé ensemble). D'autre part, avec l'âge avancé, les relations familiales changent: les enfants quittent le foyer et les parents proches disparaissent progressivement.

L'espérance de vie sociale est donc inégalement distribuée selon l'échelle des positions sociales. Pour échapper à l'isolement social, le seul espoir des classes populaires serait l'insertion dans un système familial où les enfants occupent la position dominante.

Ainsi, la retraite signifie soit le retrait de toute vie sociale, soit une activité sociale persistante due à une réorganisation des relations humaines.

D) CLUB DE LOISIRS DES RETRAITÉS

Les clubs (ex.: club de l'Âge d'or) sont des instruments à politique sociale et dynamique qui visent à maintenir la capacité sociale de l'individu. La fonction des clubs est essentiellement la médiation entre l'environnement social et les personnes âgées; l'information et l'animation assurées par les participants jouent un rôle important pour favoriser le contact et l'expression. C'est là un moyen de revaloriser les personnes âgées.

La participation active des personnes âgées doit être suscitée à l'intérieur de ces clubs. Elle assure la progression des activités et une ouverture au monde extérieur; elle justifie aussi l'unité du club.

Lorsque des liaisons extérieures aux clubs se noueront entre les retraités, lorsque les retraités prendront la responsabilité de certaines activités, lorsque se créeront des liens de solidarité entre le groupe et les membres ne fréquentant pas ces clubs, c'est alors que les clubs atteindront leur but.

E) SOIRÉE-NUTRITION DANS UN CLUB DE LOISIRS

Nous avons parlé précédemment de l'influence de la vie sociale sur les fonctions de nutrition. La personne âgée qui est isolée perd l'appétit, le désir de cuisiner et de bien s'alimenter. Par contre, dans un contexte social favorable, l'appétit revient, la digestion se fait beaucoup mieux et les fonctions de nutrition s'améliorent. Donc, la motivation à bien s'alimenter augmente lorsqu'on est dans un milieu social agréable. Pourquoi n'utiliserait-on pas alors les rencontres sociales des clubs de retraités comme moyen de passer l'information en matière de nutrition? Ceci peut se faire de façon très récréative et détendue, en utilisant, par exemple, des jeux, des simulations, des jeux de rôles, etc.

Une soirée ayant pour thème l'alimentation peut être organisée par les personnes âgées elles-mêmes. Aux activités récréatives, on peut ajouter une activité à caractère éducatif tel un exposé sur la nutrition suivi d'une période de questions. Déterminez votre sujet à l'avance (ex.: produits naturels, suppléments de vitamines, le stress et l'alimentation, etc.), puis contactez le Centre local de services communautaires (CLSC) le plus près de chez vous pour obtenir les services d'un ou d'une diététiste.

Au cours de la veillée, diverses activités récréatives peuvent être organisées: bingo, tic-tac-toc, concours de recettes nutritives, etc. Naturellement, les prix doivent être choisis selon le thème (ex.: panier de fruits, assortiment de noix ou de fruits séchés, petits pains de blé entier, etc.). Si vous servez un goûter en fin de soirée, servez des aliments légers et nutritifs: crudités et sauce trempette, brochettes de fruits, assiette de fromages et raisins, punch aux fruits, biscuits au gruau, yogourts, etc.

Voici, à titre de suggestion, quelques activités qui peuvent être organisées à l'intérieur d'un club, d'une soirée sociale ou d'une rencontre familiale. D'autres activités, comme les mots-mystères éducatifs, peuvent divertir les personnes âgées qui demeurent seules. On peut également faire un jeu de cartes avec des illustrations d'aliments, on peut créer des jeux questionnaires et, pourquoi pas, composer une chanson? Vous aurez sûrement quelques idées personnelles pour faire un succès de cette soirée.

F) BINGO SUR L'ALIMENTATION

Matériel requis

Carton, ciseau, crayon-feutre, jetons, cadeaux pour les gagnants

Fabrication des cartes de bingo

À l'aide de carton assez épais, découpez le nombre de cartes correspondant au nombre de participants, et divisez les cartes en carrés de 2,5 à 3 cm (1 à 1,2 po) à l'aide d'un crayon-feutre.

Exemple d'une carte de bingo

B	I	N	G	O
Lait	Gruau	Foie	Yogourt	Soleil
Vitamine A	5 à 8 verres	Fibres	Lentilles	Carotte
Chou	2 portions	Son de blé	Sel	Vitamine C
Fromage	Avocat	Calcium	3 à 5 portions	Banane
Fer	Pâtisseries	Muffin	Sauce soya	Thé

Sur une première carte, inscrivez les noms tel qu'indiqué sur la carte ci-haut. Vous pouvez également dessiner les aliments au lieu de les inscrire, ou encore coller de petites illustrations d'aliments de façon à ce que les cartes soient plus attrayantes. Les gens qui ont de la difficulté à lire (ou qui n'ont pas eu la chance d'apprendre à lire) en bénéficieront davantage. Sur les autres cartes, utilisez les mêmes symboles, mais en inversant l'ordre des cases, de façon à ce que les cartes soient toutes différentes.

Fonctionnement et règles du jeu

1. Distribuer une carte de bingo et quelques jetons à chaque participant.
2. Déposer les cartes de questions dans une boîte.
3. L'animatrice ou l'animateur pige une carte, pose la question, et les participants placent un jeton sur la case correspondant à la bonne réponse. On répète ainsi jusqu'à ce qu'une personne ait complété une ligne verticale, horizontale ou diagonale avec ses jetons; cette personne crie "BINGO" et l'on suspend le jeu sans enlever les jetons des cartes. On vérifie si les réponses sont exactes, c'est-à-dire si les cases pointées correspondent aux questions déjà posées. Si les réponses sont exactes, le gagnant reçoit un prix, les jetons sont enlevés des cartes et l'on recommence une autre partie. Si une ou plusieurs réponses sont fausses, on continue la même partie.
4. Si plusieurs personnes complètent une ligne en même temps, c'est la première qui a annoncé son "BINGO" qui gagne si ses réponses sont exactes.

Prix suggérés pour les gagnants:

panier de fruits;
pain de ménage (blé entier);
assortiment de fromages;
muffins ou pain rapide;
échantillons de légumineuses;
noix et fruits séchés;
cadeau en argent;
livres sur l'alimentation.

Cartes de questions

Découper 25 petites cartes de carton et, sur chacune d'elle, écrire les questions suivantes ainsi que les réponses. Inscrire une seule question par carte.

1. Je suis une boisson très riche en calcium, nécessaire à tous les âges de la vie.
   Réponse: Lait.
2. Je suis une céréale à grains entiers très économique, riche en vitamine B.
   Réponse: Gruau.
3. Je fournis la vitamine D nécessaire à l'absorption du calcium.
   Réponse: Soleil.
4. Je suis l'aliment le plus riche en fer.
   Réponse: Foie.
5. Je suis un légume riche en vitamine C.
   Réponse: Chou.
6. Je suis la vitamine qui améliore l'absorption du fer; on m'appelle aussi acide ascorbique.
   Réponse: Vitamine C.
7. Quelle quantité d'eau devrait-on boire chaque jour?
   Réponse: 5 à 8 verres.
8. Je suis une boisson qui contient de la caféine.
   Réponse: Thé.
9. Je suis l'enveloppe du grain de blé et je suis très riche en fibres.
   Réponse: Son de blé.
10. Nous aidons à combattre la constipation en laissant beaucoup de déchets dans l'intestin; les

fruits, légumes, grains entiers et légumineuses en contiennent beaucoup.
Réponse: Fibres.

11. Quelle quantité de pain et céréales devrait-on consommer chaque jour?
Réponse: 3 à 5 portions.

12. Je suis un aliment qui peut à la fois remplacer le lait et la viande à cause de ma richesse en calcium et en protéines.
Réponse: Fromage.

13. Je suis une vitamine qui vous aide à avoir une belle peau; on me retrouve dans les fruits et légumes verts, jaunes ou orange, dans les produits laitiers et le foie.
Réponse: Vitamine A.

14. Je ressemble à un petit gâteau, mais je contiens moins de sucre et moins de gras.
Réponse: Muffin.

15. Je suis un minéral qui aide à prévenir l'anémie. Je suis surtout présent dans les viandes, les oeufs, les légumineuses et les céréales à grains entiers ou enrichies.
Réponse: Fer.

16. Je suis un fruit riche en matières grasses.
Réponse: Avocat.

17. Je suis un fruit riche en potassium.
Réponse: Banane.

18. Je contiens beaucoup de sel.
Réponse: Sauce soya.

19. Quelle quantité de produits laitiers devrait-on prendre chaque jour au troisième âge?
Réponse: 2 portions.
20. En excès, je favorise l'hypertension et la rétention d'eau.
Réponse: Sel.
21. Nous sommes un groupe d'aliments à éviter pour les obèses, les diabétiques et les gens qui surveillent leur alimentation.
Réponse: Pâtisseries.
22. Je suis un légume très riche en vitamine A.
Réponse: Carotte.
23. Je suis un minéral qui aide à prévenir l'ostéoporose, maladie caractérisée par une fragilité osseuse.
Réponse: Calcium.
24. Je suis une légumineuse qui ne nécessite pas de trempage avant la cuisson. Consommée avec un produit laitier ou un produit céréalier, je peux remplacer la viande.
Réponse: Lentilles.
25. Je suis un produit laitier fermenté à l'aide de bactéries qui ont pour effet de rétablir le fonctionnement normal de l'intestin.
Réponse: Yogourt.

G) TIC-TAC-TOC SUR LES MYTHES ALIMENTAIRES

Matériel requis

Tableau, craies, carton, ciseau, cadeaux pour les gagnants.

Préparation

1. Écrire les noms de chaque participant sur un petit carton et les déposer dans une boîte.
2. Écrire chaque question et réponse sur une carte de carton et les déposer dans une autre boîte (une question par carte).

N.B. Les questions sont écrites à la page suivante. Les réponses sont VRAI ou FAUX.

Fonctionnement et règlements

1. L'animatrice ou l'animateur pige deux noms dans la boîte pour savoir qui seront les deux premiers concurrents.
2. On trace une grille sur un tableau et une question est posée à un des concurrents qui doit répondre uniquement par VRAI ou FAUX.
3. Si la réponse est bonne, la personne peut tracer un X ou un O dans la case de son choix sur la grille. Si la réponse est inexacte, c'est l'adversaire qui inscrit un X ou un O dans une des cases.
4. Une question est posée au deuxième concurrent et la partie continue de la même façon jusqu'à ce

qu'une des deux personnes ait réussi à aligner trois X ou trois O, en ligne verticale, horizontale ou diagonale.

Exemples:

	X	
O	X	O
	X	

ou

X		
O	O	O
X		

ou

	O	X
	X	
X		O

Et ainsi de suite.

N.B. Les autres participants ne doivent pas chuchoter les réponses dans la salle.

5. Le gagnant reçoit un fruit. Pour un prix plus spécial, on peut donner des fruits exotiques (kiwi, ananas, papaye, melon miel, cantaloup, mangues, etc.).
6. Si la partie est nulle. Les deux concurrents reçoivent chacun un fruit.

Exemple:

O	X	O
X	O	O
X	O	X

7. On pige deux autres noms et l'on procède de la même façon jusqu'à ce que toutes les personnes aient joué.

N.B. Les questions peuvent être répétées plus d'une fois si le jeu n'est pas terminé.

Questions du TIC-TAC-TOC (à reproduire sur des cartes)

1.	Le yogourt prolonge la longévité.	FAUX
2.	L'ail fait baisser la pression.	FAUX
3.	Le pain fait engraisser.	FAUX
4.	La margarine contient autant de calories que le beurre.	VRAI
5.	Le chocolat contient de la caféine.	VRAI
6.	La vitamine E retarde le vieillissement.	FAUX
7.	Le lait est nécessaire seulement pour les enfants.	FAUX
8.	Les viandes saignantes sont plus riches en fer que les viandes bien cuites.	FAUX
9.	Le fromage constipe.	FAUX
10.	La banane peut remplacer la viande.	FAUX
11.	Les céréales de son aident à prévenir la constipation.	VRAI
12.	Le miel est riche en vitamines B.	FAUX
13.	Le pamplemousse fait maigrir.	FAUX
14.	Le soleil est une excellente source de vitamine C.	FAUX
15.	Les fruits acides sont à éviter chez les gens souffrant d'arthrite.	FAUX
16.	Le sucre ne fournit que des calories à l'organisme.	VRAI
17.	On peut faire du yogourt maison sans avoir une yaourtière.	VRAI
18.	Pour maigrir, il faut éviter les pommes de terre.	FAUX

19. Le fromage et les oeufs remplacent la viande. VRAI
20. Le porc est plus difficile à digérer que le boeuf. FAUX
21. Le lait en poudre contient des produits chimiques pour sa conservation. FAUX
22. Le miel et le citron guérissent la grippe. FAUX
23. Le foie de porc est plus riche en fer que le foie de veau. VRAI
24. Le germe de blé aide à retarder le vieillissement. FAUX
25. Manger entre les repas est une très mauvaise habitude. FAUX
26. Plus on avance en âge, moins on a besoin de calories. VRAI
27. Au troisième âge, les besoins en vitamines sont les mêmes que ceux des jeunes adultes. VRAI
28. Le Postum ne renferme pas de caféine. VRAI
29. Un macaroni au fromage peut remplacer la viande. VRAI
30. Le sel est à éviter chez les gens qui souffrent d'hypertension. VRAI
31. La gélatine est excellente pour les os et les ongles. FAUX
32. Le poisson améliore la mémoire. FAUX
33. L'huile minérale empêche l'absorption de certaines vitamines. VRAI
34. La mélasse est aussi riche en fer que le foie. FAUX
35. Un seul repas de viande par jour est suffisant. VRAI
36. Le pain séché fait moins engraisser que le pain frais. FAUX
37. Les charcuteries contiennent beaucoup de gras et de sel. VRAI
38. La cuisson des légumes détruit une partie des vitamines. VRAI
39. Les légumes surgelés (vendus sur le marché) contiennent des colorants. FAUX
40. Le gruau est une céréale à grains entiers. VRAI

Bonne chance!

H) CHARADES

Les charades, toujours populaires, peuvent à la fois refléter un côté éducatif, selon les indices et les définitions proposées. Vous pouvez en inventer une multitude, selon votre imagination, mais en voici quelques-unes pour permettre de "démarrer". Les participants à la soirée peuvent être invités à composer de nouvelles charades en rapport avec l'alimentation. Des prix peuvent être remis aux gagnants.

1. Mon premier est une voyelle.
   Mon deuxième est une partie du visage.
   Mon troisième est une partie du pain.
   Mon tout est une maladie caractérisée par un manque de fer dans le sang.
   Réponse: anémie (a-nez-mie).
2. Mon premier est un petit cube servant à divers jeux et sert aussi en couture.
   Mon deuxième sert à s'amuser.
   Mon troisième est une partie du visage.
   Mon tout est le repas le plus important de la journée.
   Réponse: déjeuner (dé-jeu-nez).
3. Mon premier est la durée de la naissance à la mort.
   Mon deuxième est un adjectif possessif qui signifie "à toi".
   Mon troisième est l'endroit dont on extrait les minerais.

Mon tout est un élément nutritif important pour la santé.
Réponse: vitamine (vie-ta-mine).

4. Mon premier est un parasite des cheveux.
Mon deuxième est une boisson riche en calcium.
Mon tout est une viande blanche pauvre en gras.
Réponse: poulet (pou-lait).
5. Mon premier est une légumineuse servant à faire d'excellentes soupes.
Mon deuxième est l'enveloppe du grain de blé.
Mon tout est riche en protéines et en phosphore et peut remplacer la viande.
Réponse: poisson (pois-son).
6. Mon premier est un adverbe de temps.
Mon deuxième est un adjectif possessif qui signifie "à toi".
Mon troisième est un instrument servant à grossir les objets.
Mon tout est un fruit très riche en vitamines A et C et en potassium.
Réponse: cantaloup (quand-ta-loupe).

I) MOT-MYSTÈRE

Pour trouver le mot-mystère, vous devrez d'abord mettre à l'épreuve vos connaissances en alimentation. Commencez par trouver les mots correspondant aux définitions se trouvant à la suite de la grille ci-dessous. Lorsque vous aurez trouvé ces mots, cherchez-les dans la grille et encerclez-les. Les lettres n'ayant pas été encerclées correspondent au mot-mystère. Le mot-mystère est un petit légume vert foncé formé de 15 lettres (3 mots); ce légume est très riche en vitamines A et C et en potassium et il appartient à la famille du chou.

Mot-mystère

	1	2	3	4	5	6	7	8	9	10	11	12	13	14	15
1	A	L	I	M	E	N	T	A	T	I	O	N	C	H	B
2	R	E	C	A	F	E	C	A	R	O	T	T	E	L	R
3	A	S	H	R	R	M	R	E	N	U	E	J	E	D	O
4	C	Y	O	G	O	U	R	T	O	N	O	S	P	Z	C
5	H	P	U	A	M	F	E	L	O	S	E	V	I	L	O
6	I	O	F	R	A	F	U	I	E	S	T	R	N	D	L
7	D	U	L	I	G	I	X	G	U	E	I	C	A	R	I
8	E	L	E	N	E	N	R	E	F	W	A	B	R	R	M
9	S	E	U	E	L	E	N	T	I	L	L	E	D	P	E
10	E	T	R	U	P	I	E	K	C	E	R	E	A	L	E
11	M	A	I	S	M	R	X	I	E	U	G	I	F	I	T
12	U	U	A	U	R	G	U	H	E	R	N	R	L	A	H
13	G	A	G	U	R	M	T	P	O	I	R	E	U	L	O
14	E	E	E	I	O	F	E	R	P	O	I	S	S	O	N
15	L	B	E	S	L	O	R	E	T	S	E	L	O	H	C

N.B. Les tirets (__) correspondent au nombre de lettres du mot.

1. Action de s'alimenter: __ __ __ __ __ __ __ __ __ I __ __
2. Condiment de la famille de l'oignon, à saveur très forte (en gousses): __ __ L
3. Aliment de la famille des noix, riche en protéines, on peut en faire une huile et du beurre d' __ R __ __ __ __ __ __ __
4. Légumes verts (pluriel) à tige verte ou blanche, de saveur délicate et appréciés des fins gourmets. Riches en vitamine A: __ __ P __ __ __ __ __
5. Corps gras fait à partir de la crème. Il faut l'utiliser avec grande modération: __ __ __ __ R __
6. Céréale très abondante en Amérique du Nord servant à fabriquer notre farine et notre pain: __ L __
7. Légume vert à tiges et fleurons, riche en vitamines A et C et en calcium: __ __ __ __ O __ __
8. Boisson populaire surtout au déjeuner, dont il ne faut pas abuser en raison de ses propriétés existantes sur le système nerveux: __ __ __ E
9. Minéral très important dans la fabrication, l'entretien et la réparation des os et des dents; on le retrouve surtout dans les produits laitiers: __ A __ __ __ __ __
10. Condiment indien en poudre, à base d'épices et de piment que l'on utilise surtout avec le riz et le poulet: __ __ R __
11. Légume très populaire de couleur orangé, très riche en vitamine A: __ __ __ O __ __ __
12. Groupe d'aliments essentiels qui nous fournit des vitamines B; il comprend le blé, l'avoine, l'orge, le seigle, le riz, le sarrasin, le millet, le tapioca: C__ __ __ __ __ __
13. Un des éléments gras se retrouvant dans le sang et qui a tendance à augmenter avec les mauvaises habitudes de vie: __ H __ __ __ __ __ __ __ __ __
14. Légume blanc de la famille du chou, riche en vitamine C: __ __ __ __ - F __ __ __ __

15. Légume de la famille de la citrouille. On en retrouve plusieurs variétés dont la courgette: — — — — G —
16. Le repas le plus important de la journée: — — — — U — — —
17. Liquide incolore et inodore, essentiel à la vie: — A —*
18. Légume vert feuillu, riche en vitamine A et en fer: — — — — — — D
19. Fruit que l'on consomme surtout séché. Riche en potassium: — — G — —
20. Minéral servant à la formation de l'hémoglobine du sang: — E —
21. Organe faisant partie des abats des animaux de boucherie, riche en fer et en vitamine B_{12}: — — I —
22. Produit laitier très concentré en protéines et en calcium cium offert en plusieurs variétés sur le marché: — — O — — — —
23. Groupe d'aliments (pluriel) de saveur sucrée, riches en vitamines A et C et que l'on peut consommer sous forme de jus: F — — — — —
24. Céréale à grains entiers économique et nutritive que l'on consomme cuite, surtout au déjeuner: — — — A —
25. Petit fruit exotique à chair verdâtre originaire de la Nouvelle-Zélande: — I — —
26. Boisson riche en calcium que l'on peut aussi utiliser pour faire des soupes, des sauces et des desserts: — — I —
27. Groupe d'aliments (pluriel) ayant à peu près les mêmes vitamines que les fruits. On doit en consommer au moins deux portions par jour: — — — U — — —
28. Groupe d'aliments (pluriel) contenant des protéines végétales, des fibres et du fer comprenant les pois secs et les fèves sèches: — — — U — — — — — — — —
29. Petite légumineuse ne nécessitant pas de trempage avant la cuisson. On peut en faire des soupes et d'excellentes salades: — — — — I — — —
30. Petit citron vert, très riche en vitamine C: — — — E

* Ce mot revient 2 fois.

31. Céréale abondante en Amérique centrale et au Sud des États-Unis, appelée aussi blé d'Inde: _ _ _ S
32. Substitut du beurre, à utiliser avec modération: _ _ R _ _ _ _ _ _ _
33. Je ressemble à un petit gâteau, mais je renferme moins de sucre et moins de gras: M _ _ _ _ _ _
34. Aliments riches en protéines végétales: _ _ _ X de Grenoble
35. Aliment pouvant remplacer la viande et qui contient des protéines d'excellente qualité: _ _ _ F
36. On le consomme comme condiment; c'est le fruit de l'olivier et c'est riche en gras et en sel: _ _ _ V _
37. Céréale dont on se sert surtout pour faire la bière: O _ _ _
38. Aliment de base, fait avec de la farine: P _ _ _
39. Sorte de fruit, de saveur assez sucrée: _ _ _ R _
40. Aliment qui peut remplacer la viande; il contient beaucoup de protéines animales, mais peu de gras: P _ _ _ _ _ _ _
41. Viande blanche très populaire: _ _ _ _ _ T
42. Céréale très abondante en Orient; on l'utilise souvent pour préparer les mets chinois: _ I _
43. Condiment riche en sodium, à éviter chez les gens qui souffrent d'hypertension: _ E _
44. Poisson plat, riche en protéines, pauvre en gras: S _ _ _
45. Enveloppe du grain de blé, très riche en fibres: _ _ N
46. Boisson obtenue par l'infusion de feuilles, dont il ne faut pas abuser en raison de la caféine qu'elle contient: _ H _
47. Poisson de grande taille, riche en huile, que l'on peut utiliser dans les sandwiches et les salades: _ _ O _
48. Lait caillé par un ferment spécial que l'on sert nature, avec des fruits, des noix ou du miel: _ _ G _ _ _ _

Solution du mot-mystère

Définitions

1. Alimentation
2. Ail
3. Arachides
4. Asperges
5. Beurre
6. Blé
7. Brocoli
8. Café
9. Calcium
10. Cari
11. Carotte
12. Céréale
13. Cholestérol
14. Chou-fleur
15. Courge
16. Déjeuner
17. Eau (2 fois)
18. Épinard
19. Figue
20. Fer
21. Foie
22. Fromage
23. Fruits
24. Gruau
25. Kiwi
26. Lait
27. Légumes
28. Légumineuses
29. Lentille
30. Lime
31. Maïs
32. Margarine
33. Muffin
34. Noix
35. Oeuf
36. Olive
37. Orge
38. Pain
39. Poire
40. Poisson
41. Poulet
42. Riz
43. Sel
44. Sole
45. Son
46. Thé
47. Thon
48. Yogourt

MOT-MYSTÈRE: *CHOU DE BRUXELLES*

Chapitre 4

Les différentes approches nutritionnelles

Les personnes âgées encore autonomes peuvent préparer elles-mêmes leurs repas. Mais lorsque la capacité physique diminue, lorsque l'état psychologique se détériore, lorsque la motivation à cuisiner s'amenuise, ou tout simplement pour rompre l'isolement social, certaines personnes préfèrent les repas préparés à l'avance. Diverses possibilités s'offrent à elles:

a) les repas au restaurant, à la cafétéria, etc.;
b) les popotes roulantes;
c) les repas communautaires;
d) les repas en institution.

Dans ce chapitre, nous verrons ensemble les avantages et les inconvénients reliés à ces différents services.

A) LES REPAS AU RESTAURANT

Les menus offerts dans les restaurants, les cafétérias et les casse-croûte peuvent être plus ou moins équilibrés et ils sont souvent conçus en fonction des goûts des clients plutôt que de leurs besoins. De plus, ils représentent une façon coûteuse de se nourrir, surtout si l'on considère la situation financière souvent difficile des gens du troisième âge. Par contre, c'est là une excellente façon de briser la solitude, de sortir de la maison et de rencontrer d'autres personnes.

Certains restaurants offrent un menu du jour à prix abordable. Dans les cafétérias, les repas sont souvent moins chers que dans les autres types d'établissements. Certains restaurants peuvent aussi offrir un service de livraison à domicile de repas complets.

Les repas au restaurant peuvent être une occasion de briser la routine, mais ils sont souvent réservés aux personnes âgées dont la situation financière est bonne. Ils ne garantissent pas pour autant l'équilibre nutritif si la personne âgée ne fait pas un choix de menus adéquat.

Certains établissements offrent presque exclusivement des mets frits et gras; il serait préférable de choisir des endroits où l'on offre également une bonne variété de mets nourrissants.

Certaines personnes âgées préfèrent un repas en famille à la maison, car elles ont été peu habituées à manger au restaurant et apprécient moins cette sortie que les adultes plus jeunes et les enfants.

B) LES POPOTES ROULANTES

La popote roulante est un programme de livraison à domicile, par des personnes bénévoles, de repas chauds équilibrés destinés aux personnes âgées ou handicapées qui, pour différentes raisons, peuvent difficilement se préparer elles-mêmes des repas convenables.

Ces personnes peuvent souffrir d'un handicap physique ou psychologique. Elles vivent parfois dans une très grande solitude et la préparation des repas devient souvent une tâche trop lourde pour elles. Tous ces facteurs diminuent leur motivation à bien s'alimenter et les rendent très vulnérables aux carences nutritives et aux maladies découlant de la malnutrition.

Actuellement, il y a 128 popotes roulantes en activité au Québec, et ce, grâce à plusieurs bénévoles qui livrent environ 300 000 repas par année. Puisque des personnes bénévoles s'occupent des popotes roulantes, ce service est plus humain, plus personnalisé et plus économique.

Les premiers services de repas à domicile ont débuté durant la Deuxième Guerre mondiale en Angleterre. Ce service avait été organisé pour venir en aide aux personnes âgées dont les demeures avaient été endommagées par les bombardements. Durant les années 60, Montréal s'est inspirée de cette idée britannique pour réaliser un projet-pilote de popote roulante. Puis, en 1976, le ministère des Affaires sociales du Québec a favorisé la mise sur pied de nouvelles popotes roulantes en en faisant une priorité et en prenant la relève de leur financement.

Quant au choix des menus pour les popotes roulantes, on s'efforce de tenir compte des besoins spécifiques des personnes âgées et des malades. Habituellement, on se sert du *Guide alimentaire canadien* pour élaborer les menus, c'est-à-dire que le repas est composé de façon à ce qu'on y retrouve au moins un aliment appartenant à chacun des quatre groupes suivants:

- Lait et produits laitiers;
- Pain et céréales;
- Fruits et légumes;
- Viandes et substituts.

Pour simplifier le transport des repas, on se limite généralement au plat principal, à la soupe ou à la salade, et au dessert. Le client possède déjà, chez lui, le pain, le beurre, les condiments et les boissons.

En plus d'être équilibrés, les repas doivent être variés afin d'éviter la monotonie. Ils doivent être appétissants, c'est-à-dire bien présentés de façon à varier les formes et les couleurs. De plus, ils doivent être servis à la bonne température.

Généralement, les popotes roulantes ne tiennent pas compte de toutes les diètes spéciales, ce qui rendrait très complexe l'élaboration des menus. Par contre, les mets contiennent peu de sel, de gras et de sucre.

Selon le type de popotes roulantes, on sert habituellement le repas du midi seulement, et ce à un rythme de 1 à 5 fois par semaine.

Il existe différentes sortes de popotes roulantes. Voici les 4 principales.

Popote roulante traditionnelle

L'ensemble des activités est confiée à des bénévoles. L'équipe s'occupe des commandes et de l'achat des aliments et du matériel; de l'entreposage, de la préparation des aliments et du matériel; elle est chargée de la préparation, de la cuisson et de la distribution des repas ainsi que de la réception du paiement des repas et finalement, elle veille à l'entretien de la vaisselle et des locaux.

C'est le modèle que l'on rencontre le plus souvent. Cela permet un bon contrôle des activités, mais ce type de popote roulante demande un grand nombre de bénévoles, un équipement adéquat et un local disponible pour la préparation des repas.

Repas préparés par un centre

Un centre hospitalier, un centre d'accueil ou tout autre établissement possédant un service d'alimentation peut s'occuper de la préparation des repas. Les tâches des bénévoles se trouvent limitées à la commande et à la cueillette des repas à la cuisine du fournisseur, au service des repas, au retour de la vaisselle et au paiement des repas.

Les avantages sont considérables puisqu'il n'est pas nécessaire de faire l'acquisition de l'équipement de cuisine et du local. Le besoin en main-d'oeuvre bénévole est réduit. S'il s'agit d'un organisme où il y a un spécialiste en nutrition, on peut bénéficier de ses conseils. Par contre, le contrôle de la qualité peut échapper aux organisateurs de la popote; la qualité est relative à celle des autres services offerts par l'établissement en question, d'où la nécessité de bien choisir celui-ci.

Repas préparés à domicile

Lorsqu'il s'agit d'un nombre restreint de bénéficiaires de la popote roulante, ou encore lorsque les distances entre les maisons sont importantes (en milieu rural par exemple), les besoins ne justifient pas toujours la mise sur pied d'un type de popote roulante tel que ceux mentionnés auparavant. On peut établir un système de préparation et de service des repas avec une personne demeurant dans le voisinage des bénéficiaires. Évidemment, ce mode de fonctionnement offre un type de service très personnalisé.

Popote organisée par un établissement

L'établissement (centre d'accueil, centre communautaire, etc.) s'occupe de toute l'organisation de la popote. Il prend en charge toute la préparation et le service des repas, utilisant son véhicule et son chauffeur, il recrute lui-même l'équipe de bénévoles nécessaire pour la distribution des repas au domicile des bénéficiaires.

Combinaison de deux types

On peut également combiner deux façons de procéder selon le nombre et la situation géographique des bénéficiaires, par exemple une popote roulante traditionnelle pour une ville ou un village et des repas préparés par les voisins pour la banlieue ou les rangs.

Critères de sélection

Il est important d'établir des critères de sélection des bénéficiaires de façon à venir en aide aux personnes les plus démunies. Les clients sont souvent référés par les hôpitaux, les centres locaux de services communautaires, les organismes de services sociaux, leur personnel offrant également des soins à domicile, le service de médecins, etc. Les principaux critères sont généralement les suivants:

- Être incapable de préparer des repas convenables.
- Impossibilité de trouver dans son entourage (ex.: famille, voisin) une personne pouvant préparer les repas régulièrement.
- Ne pas bénéficier de moyens propices à la préparation des repas (ex.: personnes vivant seules en chambre).
- Incapacité d'aller prendre ses repas à l'extérieur.
- Le bénéficiaire doit être capable de se nourrir seul.
- La situation financière peut servir de critère, mais ce n'est pas une condition essentielle. Les repas servis sont offerts à un coût minimum.

Chaque organisme peut établir lui-même ses propres critères pour sélectionner ses clients; ceux-ci peuvent varier selon les endroits et la clientèle à desservir.

Pour obtenir plus de renseignements à propos des popotes roulantes, on peut s'adresser au:

Ministère des Affaires sociales
Directeur général des programmes
de Service sociaux
Direction des services communautaires
Service des organismes bénévoles
1075 Chemin Sainte-Foy, 4e étage
Québec (Québec)
Tél.: (418) 643-5437

C) LES REPAS COMMUNAUTAIRES

Les repas communautaires peuvent prendre différentes formes. Ils peuvent être préparés par un club de retraités ou un club de l'Âge d'or et être servis dans le local même de l'organisme. Ils peuvent aussi être préparés par un centre (hôpital, centre d'accueil, CLSC) qui possède une salle assez grande pour accueillir un grand nombre de personnes (ex.: centres de jour). Habituellement, une personne ou une équipe de personnes s'occupe de l'animation avant, pendant et après le repas. Mais ce type de service s'adresse aux personnes qui ont la capacité physique de se déplacer sur les lieux où sont offerts les repas communautaires. Cela ne règle pas le problème des personnes handicapées et de celles qui n'ont pas de moyens de transport. Dans les plus grands centres, l'organisme qui prépare les repas peut offrir son propre service de transport.

L'organisation peut se faire par différentes personnes: employés rémunérés par l'État, personnes travaillant au centre concerné et/ou par des bénévoles.

Ce service peut être offert de façon régulière et permanente (ex.: centres de jour) ou de façon sporadique (ex.: une fois par semaine) par les clubs sociaux comme le club de l'Âge d'or.

D) LES REPAS EN INSTITUTION

Dans ce cas, les bénéficiaires vivent la plus grande partie de leur temps en institutions: centres d'accueil, maisons de retraités, centre hospitaliers pour soins prolongés, etc.

Ces centres bénéficient de personnel qualifié pour offrir les soins et les services aux bénéficiaires. Ce sont des employés rémunérés, mais une équipe de bénévoles s'ajoute souvent au personnel pour certaines activités: visites d'amitié, organisation de loisirs, d'activités culturelles, d'animation, etc.

Ces établissements ont leur propre service d'alimentation, et quelques-uns peuvent aussi bénéficier des services d'un nutritionniste de façon permanente ou temporaire. Tous les repas sont planifiés, préparés et servis dans l'établissement. Puisque la majorité des bénéficiaires y demeurent de façon permanente, il devient très important d'établir une bonne variété de menus respectant, dans la mesure du possible, les préférences individuelles. Les diètes spéciales doivent être respectées.

On établit un menu cyclique, c'est-à-dire que le menu est préparé pour une période donnée et les mêmes repas reviennent à la fin du cycle. Le menu cyclique est habituellement établi, pour une période de 3 à 5 semaines. Plus le cycle est long, moins les repas reviennent souvent et moins la monotonie s'installe.

Certains principes de base sont essentiels à l'élaboration des menus:

- Il ne faut pas oublier que la satisfaction des bénéficiaires est aussi importante que le menu lui-même, d'où l'importance de faire un relevé des préférences alimentaires de chacun et d'en tenir compte dans la mesure du possible.
- Les menus doivent rencontrer les besoins physiologiques et être conformes aux besoins nutritifs du troisième âge.
- Les menus doivent être préparés en fonction d'une diminution de la consommation de médicaments. Par exemple, servir des aliments riches en fibres pour éviter la constipation et la prise de laxatifs. Ou encore éviter de servir des substances excitantes (ex.: café, chocolat, thé, cola, etc.) au souper ou en soirée, de façon à diminuer la consommation de somnifères et de tranquillisants.
- Assurer une absorption en liquide d'au moins 2,5 litres (2 pintes) par jour. Une façon d'y

arriver est de servir des jus, des soupes, des consommés ou des tisanes aux repas et aux collations.

- Servir de petites portions, étant donné que les besoins énergétiques diminuent avec l'âge; les portions peuvent être ajustées selon l'appétit et l'activité physique des bénéficiaires.
- Les menus seront composés d'aliments légers, de digestion facile, et tiendront compte du ralentissement des fonctions digestives. On évitera particulièrement un abus de matières grasses sous forme de fritures et de viandes grasses ainsi qu'un excès de sucre sous forme de pâtisseries et de sucreries.
- Il est préférable de manger plus souvent mais moins à la fois. Donc, on servira de plus petits repas et des collations nutritives entre les repas: produits laitiers, fruits, jus, etc.
- Le repas du soir devrait être moins consistant puisque les personnes âgées se couchent tôt en général et bougent peu en soirée.
- Le menu doit tenir compte des diètes spéciales des bénéficiaires.
- Le menu sera assez flexible afin qu'on puisse apporter des modifications saisonnières, par exemple lors des fêtes et des occasions spéciales.
- Étant donné qu'une forte proportion de gens âgés souffrent d'hypertension, les mets seront apprêtés avec un minimum de sel.

- Les mets doivent être présentés de façon à favoriser l'autonomie des bénéficiaires pour s'ali menter; servir des aliments faciles à couper, éviter les viandes où il y a des os à enlever, des arêtes, du gras ou autres parties non comestibles.
- Certaines personnes âgées ont de la difficulté à avaler les liquides clairs sans s'étouffer; il est alors préférable de servir des potages plus épais au lieu des consommés et des cubes de jus de fruits glacés au lieu des verres de jus entre les repas.
- Pour éviter les risques d'étouffement, il est préférable d'éviter les noix et la noix de coco dans les recettes.
- On veillera aussi à utiliser les aliments les plus naturels possible, et on évitera les aliments où l'on retrouve beaucoup d'additifs chimiques (cristaux à saveur de fruits, substituts d'oeuf ou de crème, charcuteries, produits instantanés).
- Il n'est pas nécessaire d'acheter des produits dits diététiques; la plupart sont chers, inutiles, chimiques et leur goût est discutable.
- On essaiera d'observer une certaine régularité dans les repas qui seront servis à des intervalles assez longs, compte tenu des collations. Par exemple, 8 heures, midi et 18 heures sont des heures convenables. L'horaire peut être pensé en fonction des habitudes de vie des bénéficiaires.

- On doit laisser une période de temps assez longue pour le repas, de façon à ce que les pensionnaires prennent le temps de bien mastiquer leurs aliments et qu'ils puissent manger dans une atmosphère calme et détendue sans se hâter.
- Le repas sera servi dans la salle à manger et ne devrait être apporté dans la chambre que si la personne est vraiment incapable de se rendre à la salle à manger.

Il est important de comprendre et de savoir interpréter certaines réactions des personnes âgées. Par exemple, le seul fait de ne pas pouvoir choisir leurs aliments et décider de leurs menus peut être considéré comme une perte d'autonomie chez la personne âgée, ce qui peut se refléter par le rejet d'un plat qui avait été apprécié auparavant.

La personne âgée s'adapte moins bien psychologiquement aux situations nouvelles. Souvent, l'arrivée en centre d'accueil ou en maison de retraite peut engendrer de l'angoisse, de l'anxiété, de l'agitation et un fort sentiment d'insécurité. Cet état se manifeste fréquemment par des comportements alimentaires qui peuvent varier beaucoup d'une personne à l'autre. Certains compenseront par une consommation excessive d'aliments, d'autres rejetteront les aliments et développeront de l'anorexie (maladie se manifestant par le refus volontaire de se nourrir). Plusieurs essaient aussi de compenser leur perte d'autonomie par des comportements qui manifestent le besoin d'affirmer leur personnalité.

Une attention particulière sera accordée à l'ambiance qui règne à l'heure du repas: réduction des bruits, musique douce, plantes vertes, tables bien mises, tables plus hautes pour les chaises roulantes, tables pour petits groupes sont tous des détails extrêmement importants pour les gens du troisième âge. Les personnes âgées doivent être libres de se placer avec qui elles veulent pour les repas, car on a remarqué qu'on ne mange pas ou qu'on ne digère pas de la même façon lorsqu'on est accompagné d'amis ou lorsqu'on se retrouve avec un groupe de gens que l'on connaît moins bien.

E) PERSPECTIVES EN GÉRONTOLOGIE

Dans le domaine de la gérontologie, il sera de plus en plus important à l'avenir de s'attarder non seulement aux problèmes, aux changements et aux phénomènes reliés au vieillissement, mais bien aux personnes âgées elles-mêmes. Il est très important de rejoindre les individus dans leur vécu: leurs besoins, leurs préoccupations, leur participation active à la vie.

C'est souvent autour de l'alimentation que se greffent la plupart des activités quotidiennes; les aliments deviennent symboles de réconfort, de sécurité et de distraction et il est important d'en tenir compte lors des interventions en matière d'éducation en nutrition auprès des gens du troisième âge.

L'état de nutrition va souvent de pair avec les ressources financières et les relations sociales. Il faudrait veiller à ce que des actions soient entreprises afin qu'il n'y ait pas autant de personnes âgées vivant sous le seuil de la pauvreté. À quoi servent les belles théories et les beaux programmes si les personnes concernées n'ont pas les moyens financiers pour les réaliser? De plus, en misant davantage sur l'amélioration des loisirs et activités sociales destinés au troisième âge, on pourrait briser l'état de solitude dans lequel s'enferment plusieurs personnes âgées. Les contacts avec les jeunes sont trop rares, pourtant nos aînés bénéficieraient beaucoup de visites d'amitié de la part des enfants.

Les priorités du ministère des Affaires sociales du Québec pour le troisième âge vont dans ce sens:

- Favoriser l'autonomie des personnes âgées en faisant échec à la dépendance: 1. par une aide financière sous forme d'allocation alimentaire; 2. par une aide personnalisée de la part de la parenté, d'autres personnes âgées ou des auxiliaires familiales.
- Favoriser la participation des personnes âgées en les préparant à une retraite mieux orientée et mieux structurée, et par des programmes d'éducation en nutrition.
- Favoriser une meilleure communication entre les gens du troisième âge par l'organisation d'un conseil du troisième âge et d'un journal d'information leur étant destiné.

Toutes les approches dans le domaine de l'éducation en nutrition communautaire doivent viser à l'amélioration de l'état de santé en privilégiant les différents points suivants.

L'ÉDUCATION

Il faut d'abord viser une prise de conscience, susciter l'intérêt et faire des essais en vue d'adopter un nouveau comportement alimentaire; tout ceci en respectant le cheminement personnel de chacun. Parmi les moyens éducatifs, on essaiera d'utiliser des moyens divertissants plutôt que des conférences, des documents audio-visuels, et si l'on utilise des textes, ceux-ci seront courts et écrits en gros caractères.

CONSERVER L'ÉTAT DE SANTÉ PAR UNE MEILLEURE ALIMENTATION

En organisant davantage de repas communautaires, de popotes roulantes... et en donnant une bonne formation en nutrition au personnel qui s'occupe des personnes âgées. Les restaurants pourraient offrir un menu du jour à prix spécial pour le troisième âge et augmenter les services de livraison à domicile. On devrait également inciter les industries alimentaires à la mise en marché de produits en portions destinées à une ou deux personnes.

SURVEILLER L'ÉTAT DE SANTÉ

Une évaluation régulière à court et à long terme permet d'avoir une meilleure idée de l'amélioration des habitudes alimentaires et de l'état de santé. Cela permet aussi de faire des modifications et des réajustements en vue d'obtenir les résultats souhaités.

Plusieurs programmes d'éducation en nutrition ont été réalisés à travers le Québec au cours des dernières années. Pour bénéficier de ces programmes, on peut s'adresser aux différents centres communautaires (DSC, CLSC) de chaque région ou au ministère des Affaires sociales du Québec.

Conclusion

La recherche en gérontologie en est à ses débuts au Québec. Il faudra encore plusieurs années avant de pouvoir résoudre la plupart des problèmes. Seuls les résultats ainsi obtenus permettront d'élaborer et de mettre en oeuvre des programmes efficaces. Dans cette perspective, on devrait pouvoir créer et réaliser des projets visant au mieux-être des personnes âgées.

Il ne s'agit pas de changer complètement les habitudes alimentaires des gens âgés puisqu'à cet âge l'adaptation est plus difficile et que l'on créerait ainsi d'autres problèmes. Dans cette optique, il est préférable de miser sur l'acquisition de bonnes habitudes alimentaires tôt dans la vie plutôt que sur des changements draconiens dans l'alimentation des personnes âgées. Par contre, certaines modifications sont souhaitables, non pas dans le seul but de prolonger la vie, mais aussi d'améliorer la qualité des années qu'il leur reste à vivre. Par exemple, on essaie de diminuer les risques et les conséquences des maladies du troisième âge pour pouvoir conserver un certain degré d'autonomie essentiel au bien-être des gens âgés. Il faut également essayer de leur donner les moyens physiques et matériels de s'alimenter adéquatement chez eux. Les services d'aide à domicile pour l'approvisionnement et la préparation des repas pourraient remplir ce rôle. Tandis qu'une approche communautaire viendrait combler la solitude à l'heure du dîner ou du souper.

Évidemment, la recherche est difficile et dispendieuse, mais n'est-elle pas justifiable? Ne serait-il pas intéressant de bien connaître les problèmes de nos aînés en matière d'alimentation dans le but de leur permettre de profiter au maximum des années qu'il leur reste à vivre. Ayant déjà réussi à augmenter notre espérance de vie, ne devrait-on pas maintenant penser à améliorer la qualité de notre vie?

Je vous laisse en espérant que les quelques réflexions, commentaires et suggestions contenus dans ce livre vous aideront à vivre pleinement de belles années.

Table des matières

Lithographié au Canada
sur les presses de
Métropole Litho Inc.

Ouvrages parus aux ÉDITIONS DE L'HOMME

sans * pour l'Amérique du Nord seulement
*** pour l'Europe et l'Amérique du Nord**
**** pour l'Europe seulement**

ALIMENTATION — SANTÉ

Allergies, Les, Dr Pierre Delorme
* **Cellulite, La,** Dr Jean-Paul Ostiguy
Conseils de mon médecin de famille, Les, Dr Maurice Lauzon
Contrôler votre poids, Dr Jean-Paul Ostiguy
Diététique dans la vie quotidienne, La, Louise Lambert-Lagacé
Face-lifting par l'exercice, Le, Senta Maria Rungé
* **Guérir ses maux de dos,** Dr Hamilton Hall
* **Maigrir en santé,** Denyse Hunter
* **Maigrir, un nouveau régime de vie,** Edwin Bayrd
Massage, Le, Byron Scott
Médecine esthétique, La, Dr Guylaine Lanctôt
* **Régime pour maigrir,** Marie-Josée Beaudoin
* **Sport-santé et nutrition,** Dr Jean-Paul Ostiguy
* **Vivre jeune,** Myra Waldo

ART CULINAIRE

Agneau, L', Jehane Benoit
Art d'apprêter les restes, L', Suzanne Lapointe
* **Art de la cuisine chinoise, L',** Stella Chan
Art de la table, L', Marguerite du Coffre
Boîte à lunch, La, Louise Lambert-Lagacé
Bonne table, La, Juliette Huot
Brasserie la Mère Clavet vous présente ses recettes, La, Léo Godon
Canapés et amuse-gueule
101 omelettes, Claude Marycette
Cocktails de Jacques Normand, Les, Jacques Normand
Confitures, Les, Misette Godard
* **Congélation des aliments, La,** Suzanne Lapointe
* **Conserves, Les,** Soeur Berthe
* **Cuisine au wok, La,** Charmaine Solomon
Cuisine chinoise, La, Lizette Gervais
Cuisine de Maman Lapointe, La, Suzanne Lapointe
Cuisine de Pol Martin, La, Pol Martin
Cuisine des 4 saisons, La, Hélène Durand-LaRoche
* **Cuisine du monde entier, La,** Jehane Benoit
Cuisine en fête, La, Juliette Lassonde
Cuisine facile aux micro-ondes, Pauline Saint-Amour
* **Cuisine micro-ondes, La,** Jehane Benoit
Desserts diététiques, Claude Poliquin
Du potager à la table, Paul Pouliot, Pol Martin
En cuisinant de 5 à 6, Juliette Huot
* **Faire son pain soi-même,** Janice Murray Gill
* **Fèves, haricots et autres légumineuses,** Tess Mallos
Fondue et barbecue
* **Fondues et flambées de Maman Lapointe,** S. et L. Lapointe
Fruits, Les, John Goode
Gastronomie au Québec, La, Abel Benquet
Grande cuisine au Pernod, La, Suzanne Lapointe
Grillades, Les
* **Guide complet du barman, Le,** Jacques Normand
Hors-d'oeuvre, salades et buffets froids, Louis Dubois

Légumes, Les, John Goode
Liqueurs et philtres d'amour, Hélène Morasse
Ma cuisine maison, Jehane Benoit
Madame reçoit, Hélène Durand-LaRoche
* **Menu de santé,** Louise Lambert-Lagacé
Pâtes à toutes les sauces, Les, Lucette Lapointe
Pâtisserie, La, Maurice-Marie Bellot
Petite et grande cuisine végétarienne, Manon Bédard
Poissons et crustacés
Poissons et fruits de mer, Soeur Berthe
* **Poulet à toutes les sauces, Le,** Monique Thyraud de Vosjoli
Recettes à la bière des grandes cuisines Molson, Les, Marcel L. Beaulieu
Recettes au blender, Juliette Huot
Recettes de gibier, Suzanne Lapointe
Recettes de Juliette, Les, Juliette Huot
Recettes pour aider à maigrir, Dr Jean-Paul Ostiguy
Robot culinaire, Le, Pol Martin
Sauces pour tous les plats, Huguette Gaudette, Suzanne Colas
* **Techniques culinaires, Les,** Soeur Berthe
* **Une cuisine sage,** Louise Lambert-Lagacé
Vins, cocktails et spiritueux, Gilles Cloutier
Y'a du soleil dans votre assiette, Francine Georget

DOCUMENTS — BIOGRAPHIES

Art traditionnel au Québec, L', M. Lessard et H. Marquis
Artisanat québécois, T. I, Cyril Simard
Artisanat québécois, T. II, Cyril Simard
Artisanat québécois, T. III, Cyril Simard
Bien pensants, Les, Pierre Berton
Charlebois, qui es-tu? Benoît L'Herbier
Comité, Le, M. et P. Thyraud de Vosjoli
Daniel Johnson, T. I, Pierre Godin
Daniel Johnson, T. II, Pierre Godin
Deux innocents en Chine Rouge, Jacques Hébert, Pierre E. Trudeau
Duplessis, l'ascension, T. I, Conrad Black
Duplessis, le pouvoir, T. II, Conrad Black
Dynastie des Bronfman, La, Peter C. Newman
Écoles de rang au Québec, Les, Jacques Dorion
* **Ermite, L',** T. Lobsang Rampa
Establishment canadien, L', Peter C. Newman
Fabuleux Onassis, Le, Christian Cafarakis
Filière canadienne, La, Jean-Pierre Charbonneau
Frère André, Le, Micheline Lachance
Insolences du frère Untel, Les, Frère Untel
Invasion du Canada L', T. I, Pierre Berton
Invasion du Canada L', T. II, Pierre Berton
John A. Macdonald, T. I, Donald Creighton
John A. Macdonald, T. II, Donald Creighton
Lamia, P.L. Thyraud de Vosjoli
Magadan, Michel Solomon
Maison traditionnelle au Québec, La, M. Lessard, G. Vilandré
Mammifères de mon pays, Les, St-Denys-Duchesnay-Dumais
Masques et visages du spiritualisme contemporain, Julius Evola
Mastantuono, M. Mastantuono, M. Auger
Mon calvaire roumain, Michel Solomon
Moulins à eau de la vallée du St-Laurent, Les, F. Adam-Villeneuve, C. Felteau
Mozart raconté en 50 chefs-d'oeuvre, Paul Roussel
Nos aviateurs, Jacques Rivard
Nos soldats, George F.G. Stanley
Nouveaux Riches, Les, Peter C. Newman
Objets familiers de nos ancêtres, Les, Vermette, Genêt, Décarie-Audet
Oui, René Lévesque
* **OVNI,** Yurko Bondarchuck
Papillons du Québec, Les, B. Prévost et C. Veilleux
Patronage et patroneux, Alfred Hardy
Petite barbe, j'ai vécu 40 ans dans le Grand Nord, La, André Steinmann
* **Pour entretenir la flamme,** T. Lobsang Rampa
Prague, l'été des tanks, Desgraupes, Dumayet, Stanké
Prince de l'Église, le cardinal Léger, Le, Micheline Lachance

Provencher, le dernier des coureurs de bois, Paul Provencher
Réal Caouette, Marcel Huguet
Révolte contre le monde moderne, Julius Evola
Struma, Le, Michel Solomon
Temps des fêtes au Québec, Le, Raymond Montpetit
Terrorisme québécois, Le, Dr Gustave Morf
* **Treizième chandelle, La,** T. Lobsang Rampa
Troisième voie, La, Me Emile Colas
Trois vies de Pearson, Les, J.-M. Poliquin, J.R. Beal
Trudeau, le paradoxe, Anthony Westell
Vizzini, Sal Vizzini
Vrai visage de Duplessis, Le, Pierre Laporte

ENCYCLOPÉDIES

Encyclopédie de la chasse au Québec, Bernard Leiffet
Encyclopédie de la maison québécoise, M. Lessard, H. Marquis
* **Encyclopédie de la santé de l'enfant, L',** Richard I. Feinbloom
Encyclopédie des antiquités du Québec, M. Lessard, H. Marquis
Encyclopédie des oiseaux du Québec, W. Earl Godfrey
Encyclopédie du jardinier horticulteur, W.H. Perron
Encyclopédie du Québec, vol. I, Louis Landry
Encyclopédie du Québec, vol. II, Louis Landry

ENFANCE ET MATERNITÉ

* **Aider son enfant en maternelle et en 1ère année,** Louise Pedneault-Pontbriand
* **Aider votre enfant à lire et à écrire,** Louise Doyon-Richard
Avoir un enfant après 35 ans, Isabelle Robert
* **Comment avoir des enfants heureux,** Jacob Azerrad
Comment amuser nos enfants, Louis Stanké
* **Comment nourrir son enfant,** Louise Lambert-Lagacé
* **Découvrez votre enfant par ses jeux,** Didier Calvet
Des enfants découvrent l'agriculture, Didier Calvet
* **Développement psychomoteur du bébé, Le,** Didier Calvet
* **Douze premiers mois de mon enfant, Les,** Frank Caplan
Droits des futurs parents, Les, Valmai Howe Elkins
* **En attendant notre enfant,** Yvette Pratte-Marchessault
Enfant unique, L', Ellen Peck
* **Éveillez votre enfant par des contes,** Didier Calvet
* **Exercices et jeux pour enfants,** Trude Sekely
Femme enceinte, La, Dr Robert A. Bradley
Futur père, Yvette Pratte-Marchessault
* **Jouons avec les lettres,** Louise Doyon-Richard
* **Langage de votre enfant, Le,** Claude Langevin
Maman et son nouveau-né, La, Trude Sekely
Merveilleuse histoire de la naissance, Dr Lionel Gendron
Pour bébé, le sein ou le biberon, Yvette Pratte-Marchessault
Pour vous future maman, Trude Sekely
* **Préparez votre enfant à l'école,** Louise Doyon-Richard
* **Psychologie de l'enfant, La,** Françoise Cholette-Pérusse
* **Tout se joue avant la maternelle,** Isuba Mansuka
* **Trois premières années de mon enfant, Les,** Dr Burton L. White
* **Une naissance apprivoisée,** Edith Fournier, Michel Moreau

LANGUE

Améliorez votre français, Jacques Laurin
* **Anglais par la méthode choc, L',** Jean-Louis Morgan

Corrigeons nos anglicismes, Jacques Laurin

* **J'apprends l'anglais,** G. Silicani et J. Grisé-Allard

Notre français et ses pièges, Jacques Laurin

Petit dictionnaire du joual au français, Augustin Turennes

Verbes, Les, Jacques Laurin

LITTÉRATURE

Adieu Québec, André Bruneau
Allocutaire, L', Gilbert Langlois
Arrivants, Les, collaboration
Berger, Les, Marcel Cabay-Marin
Bigaouette, Raymond Lévesque
Carnivores, Les, François Moreau
Carré St-Louis, Jean-Jules Richard
Centre-ville, Jean-Jules Richard
Chez les termites, Madeleine Ouellette-Michalska
Commettants de Caridad, Les, Yves Thériault
Danka, Marcel Godin
Débarque, La, Raymond Plante
Domaine Cassaubon, Le, Gilbert Langlois
Doux mal, Le, Andrée Maillet
D'un mur à l'autre, Paul-André Bibeau
Emprise, L', Gaétan Brulotte
Engrenage, L', Claudine Numainville
En hommage aux araignées, Esther Rochon
Faites de beaux rêves, Jacques Poulin
Fuite immobile, La, Gilles Archambault
J'parle tout seul quand Jean Narrache, Émile Coderre
Jeu des saisons, Le, Madeleine Ouellette-Michalska
Marche des grands cocus, La, Roger Fournier
Monde aime mieux..., Le, Clémence Desrochers
Mourir en automne, Claude DeCotret
N'Tsuk, Yves Thériault
Neuf jours de haine, Jean-Jules Richard
New medea, Monique Bosco
Outaragasipi, L', Claude Jasmin
Petite fleur du Vietnam, La, Clément Gaumont
Pièges, Jean-Jules Richard
Porte silence, Paul-André Bibeau
Requiem pour un père, François Moreau
Si tu savais..., Georges Dor
Tête blanche, Marie-Claire Blais
Trou, Le, Sylvain Chapdeleine
Visages de l'enfance, Les, Dominique Blondeau

LIVRES PRATIQUES — LOISIRS

Améliorons notre bridge, Charles A. Durand
* **Art du dressage de défense et d'attaque, L',** Gilles Chartier
* **Art du pliage du papier, L',** Robert Harbin
* **Baladi, Le,** Micheline d'Astous
* **Ballet-jazz, Le,** Allen Dow et Mike Michaelson
* **Belles danses, Les,** Allen Dow et Mike Michaelson
Bien nourrir son chat, Christian d'Orangeville
Bien nourrir son chien, Christian d'Orangeville
Bonnes idées de maman Lapointe, Les, Lucette Lapointe
* **Bridge, Le,** Vivianne Beaulieu
Budget, Le, en collaboration
Choix de carrières, T. I, Guy Milot
Choix de carrières, T. II, Guy Milot
Choix de carrières, T. III, Guy Milot
Collectionner les timbres, Yves Taschereau
Comment acheter et vendre sa maison, Lucile Brisebois
Comment rédiger son curriculum vitae, Julie Brazeau
Comment tirer le maximum d'une mini-calculatrice, Henry Mullish
Conseils aux inventeurs, Raymond-A. Robic
Construire sa maison en bois rustique, D. Mann et R. Skinulis
Crochet jacquard, Le, Brigitte Thérien
Cuir, Le, L. St-Hilaire, W. Vogt
* **Découvrir son ordinateur personnel,** François Faguy
Dentelle, La, Andrée-Anne de Sève
Dentelle II, La, Andrée-Anne de Sève
Dictionnaire des affaires, Le, Wilfrid Lebel

* **Dictionnaire des mots croisés — noms communs,** Paul Lasnier
* **Dictionnaire des mots croisés — noms propres,** Piquette-Lasnier-Gauthier

Dictionnaire économique et financier, Eugène Lafond

* **Dictionnaire raisonné des mots croisés,** Jacqueline Charron

Emploi idéal en 4 minutes, L', Geoffrey Lalonde

Étiquette du mariage, L', Marcelle Fortin-Jacques

Faire son testament soi-même, Me G. Poirier et M. Nadeau Lescault

Fins de partie aux dames, H. Tranquille et G. Lefebvre

Fléché, Le, F. Bourret, L. Lavigne

Frivolité, La, Alexandra Pineault-Vaillancourt

Gagster, Claude Landré

Guide complet de la couture, Le, Lise Chartier

* **Guide complet des cheveux, Le,** Phillip Kingsley

Guide du chauffage au bois, Le, Gordon Flagler

* **Guitare, La,** Peter Collins

Hypnotisme, L', Jean Manolesco

* **J'apprends à dessiner,** Joanna Nash

Jeu de la carte et ses techniques, Le, Charles A. Durand

Jeux de cartes, Les, George F. Hervey

* **Jeux de dés, Les,** Skip Frey

Jeux d'hier et d'aujourd'hui, S. Lavoie et Y. Morin

* **Jeux de société,** Louis Stanké
* **Jouets, Les,** Nicole Bolduc
* **Lignes de la main, Les,** Louis Stanké

Loi et vos droits, La, Me Paul-Émile Marchand

Magie et tours de passe-passe, Ian Adair

Magie par la science, La, Walter B. Gibson

* **Manuel de pilotage**

Marionnettes, Les, Roger Régnier

Mécanique de mon auto, La, Time Life Books

* **Mon chat, le soigner, le guérir,** Christian d'Orangeville

Nature et l'artisanat, La, Soeur Pauline Roy

* **Noeuds, Les,** George Russel Shaw

Nouveau guide du propriétaire et du locataire, Le, Mes M. Bolduc, M. Lavigne, J. Giroux

* **Ouverture aux échecs, L',** Camille Coudari

Papier mâché, Le, Roger Régnier

P'tite ferme, les animaux, La, Jean-Claude Trait

Petit manuel de la femme au travail, Lise Cardinal

Poids et mesures, calcul rapide, Louis Stanké

Races de chats, chats de race, Christian d'Orangeville

Races de chiens, chiens de race, Christian d'Orangeville

Roulez sans vous faire rouler, T. I, Philippe Edmonston

Roulez sans vous faire rouler, T. II, le guide des voitures d'occasion, Philippe Edmonston

Savoir-vivre d'aujourd'hui, Le, Marcelle Fortin-Jacques

Savoir-vivre, Nicole Germain

Scrabble, Le, Daniel Gallez

Secrétaire bilingue, Le/la, Wilfrid Lebel

Secrétaire efficace, La, Marian G. Simpsons

Tapisserie, La, T.M. Perrier, N.B. Langlois

* **Taxidermie, La,** Jean Labrie

Tenir maison, Françoise Gaudet-Smet

Terre cuite, Robert Fortier

Tissage, Le, G. Galarneau, J. Grisé-Allard

Tout sur le macramé, Virginia I. Harvey

Trouvailles de Clémence, Les, Clémence Desrochers

2001 trucs ménagers, Lucille Godin

Vive la compagnie, Pierre Daigneault

Vitrail, Le, Claude Bettinger

Voir clair aux dames, H. Tranquille, G. Lefebvre

* **Voir clair aux échecs,** Henri Tranquille
* **Votre avenir par les cartes,** Louis Stanké

Votre discothèque, Paul Roussel

PHOTOGRAPHIE

* **8/super 8/16,** André Lafrance
* **Apprendre la photo de sport,** Denis Brodeur
* **Apprenez la photographie avec Antoine Desilets**
* **Chasse photographique, La,** Louis-Philippe Coiteux
* **Découvrez le monde merveilleux de la photographie,** Antoine Desilets
* **Je développe mes photos,** Antoine Desilets

* **Guide des accessoires et appareils photos, Le,** Antoine Desilets, Paul Taillefer
* **Je prends des photos,** Antoine Desilets
* **Photo à la portée de tous, La,** Antoine Desilets
* **Photo de A à Z, La,** Desilets, Coiteux, Gariépy
* **Photo Reportage,** Alain Renaud
* **Technique de la photo, La,** Antoine Desilets

PLANTES ET JARDINAGE

Arbres, haies et arbustes, Paul Pouliot
Automne, le jardinage aux quatre saisons, Paul Pouliot
* **Décoration intérieure par les plantes, La,** M. du Coffre, T. Debeur

Été, le jardinage aux quatre saisons, Paul Pouliot
Guide complet du jardinage, Le, Charles L. Wilson
Hiver, le jardinage aux quatre saisons, Paul Pouliot
Jardins d'intérieur et serres domestiques, Micheline Lachance
Jardin potager, la p'tite ferme, Le, Jean-Claude Trait
Je décore avec des fleurs, Mimi Bassili
Plantes d'intérieur, Les, Paul Pouliot
Printemps, le jardinage aux quatre saisons, Paul Pouliot
Techniques du jardinage, Les, Paul Pouliot
* **Terrariums, Les,** Ken Kayatta et Steven Schmidt

Votre pelouse, Paul Pouliot

PSYCHOLOGIE

Âge démasqué, L', Hubert de Ravinel
* **Aider mon patron à m'aider,** Eugène Houde
* **Amour, de l'exigence à la préférence, L',** Lucien Auger

Caractères et tempéraments, Claude-Gérard Sarrazin
* **Coeur à l'ouvrage, Le,** Gérald Lefebvre
* **Comment animer un groupe,** collaboration
* **Comment déborder d'énergie,** Jean-Paul Simard
* **Comment vaincre la gêne et la timidité,** René-Salvator Catta
* **Communication dans le couple, La,** Luc Granger
* **Communication et épanouissement personnel,** Lucien Auger

Complexes et psychanalyse, Pierre Valinieff
* **Contact,** Léonard et Nathalie Zunin
* **Courage de vivre, Le,** Dr Ari Kiev

Dynamique des groupes, J.M. Aubry, Y. Saint-Arnaud
* **Émotivité et efficacité au travail,** Eugène Houde
* **Être soi-même,** Dorothy Corkille Briggs
* **Facteur chance, Le,** Max Gunther
* **Fantasmes créateurs, Les,** J.L. Singer, E. Switzer

Frères — Soeurs, la rivalité fraternelle, Dr J.F. McDermott, Jr
* **Hypnose, bluff ou réalité?,** Alain Marillac
* **Interprétez vos rêves,** Louis Stanké
* **J'aime,** Yves Saint-Arnaud
* **Mise en forme psychologique, La,** Richard Corriere et Joseph Hart
* **Parle moi... j'ai des choses à te dire,** Jacques Salomé

Penser heureux, Lucien Auger
* **Personne humaine, La,** Yves Saint-Arnaud
* **Première impression, La,** Chris. L. Kleinke
* **Psychologie de l'amour romantique, La,** Dr Nathaniel Branden
* **S'affirmer et communiquer,** J.-M. Boisvert, M. Beaudry
* **S'aider soi-même,** Lucien Auger
* **S'aider soi-même davantage,** Lucien Auger
* **S'aimer pour la vie,** Dr Zev Wanderer et Erika Fabian
* **Savoir organiser, savoir décider,** Gérald Lefebvre
* **Savoir relaxer pour combattre le stress,** Dr Edmund Jacobson
* **Se changer,** Michael J. Mahoney
* **Se comprendre soi-même,** collaboration
* **Se concentrer pour être heureux,** Jean-Paul Simard

* **Se connaître soi-même,** Gérard Artaud
* **Se contrôler par le biofeedback,** Paultre Ligondé
* **Se créer par la gestalt,** Joseph Zinker
Se guérir de la sottise, Lucien Auger
S'entraider, Jacques Limoges
Séparation du couple, La, Dr Robert S. Weiss
* **Trouver la paix en soi et avec les autres,** Dr Theodor Rubin
* **Vaincre ses peurs,** Lucien Auger
* **Vivre avec sa tête ou avec son coeur,** Lucien Auger
Volonté, l'attention, la mémoire, La, Robert Tocquet
Votre personnalité, caractère..., Yves Benoit Morin
* **Vouloir c'est pouvoir,** Raymond Hull
Yoga, corps et pensée, Bruno Leclercq
Yoga des sphères, Le, Bruno Leclercq

SEXOLOGIE

* **Avortement et contraception,** Dr Henry Morgentaler
* **Bien vivre sa ménopause,** Dr Lionel Gendron
* **Comment séduire les femmes,** E. Weber, M. Cochran
* **Comment séduire les hommes,** Nicole Ariana
Fais voir! W. McBride et Dr H.F.-Hardt
* **Femme enceinte et la sexualité, La,** Elizabeth Bing, Libby Colman
Femme et le sexe, La, Dr Lionel Gendron
* **Guide gynécologique de la femme moderne, Le,** Dr Sheldon H. Sherry
Helga, Eric F. Bender
Homme et l'art érotique, L', Dr Lionel Gendron
Maladies transmises sexuellement, Les, Dr Lionel Gendron
Qu'est-ce qu'un homme? Dr Lionel Gendron
Quel est votre quotient psycho-sexuel? Dr Lionel Gendron
* **Sexe au féminin, Le,** Carmen Kerr
Sexualité, La, Dr Lionel Gendron
* **Sexualité du jeune adolescent, La,** Dr Lionel Gendron
Sexualité dynamique, La, Dr Paul Lefort
* **Ta première expérience sexuelle,** Dr Lionel Gendron et A.-M. Ratelle
* **Yoga sexe,** S. Piuze et Dr L. Gendron

SPORTS

ABC du hockey, L', Howie Meeker
* **Aïkido — au-delà de l'agressivité,** M. N.D. Villadorata et P. Grisard
Apprenez à patiner, Gaston Marcotte
* **Armes de chasse, Les,** Charles Petit-Martinon
* **Badminton, Le,** Jean Corbeil
Ballon sur glace, Le, Jean Corbeil
Bicyclette, La, Jean Corbeil
* **Canoé-kayak, Le,** Wolf Ruck
* **Carte et boussole,** Björn Kjellström
100 trucs de billard, Pierre Morin
Chasse et gibier du Québec, Greg Guardo, Raymond Bergeron
Chasseurs sachez chasser, Lucien B. Lapierre
* **Comment se sortir du trou au golf,** L. Brien et J. Barrette
* **Comment vivre dans la nature,** Bill Riviere
* **Conditionnement physique, Le,** Chevalier-Laferrière-Bergeron
* **Corrigez vos défauts au golf,** Yves Bergeron
Corrigez vos défauts au jogging, Yves Bergeron
Danse aérobique, La, Barbie Allen
* **En forme après 50 ans,** Trude Sekely
* **En superforme par la méthode de la NASA,** Dr Pierre Gravel
Entraînement par les poids et haltères, Frank Ryan
Équitation en plein air, L', Jean-Louis Chaumel
Exercices pour rester jeune, Trude Sekely
* **Exercices pour toi et moi,** Joanne Dussault-Corbeil
Femme et le karaté samouraï, La, Roger Lesourd
Guide du judo (technique debout), Le, Louis Arpin
* **Guide du self-defense, Le,** Louis Arpin
* **Guide de survie de l'armée américaine, Le**
Guide du trappeur, Paul Provencher
Initiation à la plongée sous-marine, René Goblot

* **J'apprends à nager,** Régent LaCoursière
* **Jogging, Le,** Richard Chevalier
Jouez gagnant au golf, Luc Brien, Jacques Barrette
* **Jouons ensemble,** P. Provost, M.J. Villeneuve
* **Karaté, Le,** André Gilbert
* **Karaté Sankukai, Le,** Yoshinao Nanbu
Larry Robinson, le jeu défensif au hockey, Larry Robinson
Lutte olympique, La, Marcel Sauvé, Ronald Ricci
* **Marathon pour tous, Le,** P. Anctil, D. Bégin, P. Montuoro
Marche, La, Jean-François Pronovost
Maurice Richard, l'idole d'un peuple, Jean-Marie Pellerin
* **Médecine sportive, La,** M. Hoffman et Dr G. Mirkin
Mon coup de patin, le secret du hockey, John Wild
* **Musculation pour tous, La,** Serge Laferrière
Nadia, Denis Brodeur et Benoît Aubin
Natation de compétition, La, Régent LaCoursière
Navigation de plaisance au Québec, La, R. Desjardins et A. Ledoux
Mes observations sur les insectes, Paul Provencher
Mes observations sur les mammifères, Paul Provencher
Mes observations sur les oiseaux, Paul Provencher
Mes observations sur les poissons, Paul Provencher
Passes au hockey, Les, Chapleau-Frigon-Marcotte
Parachutisme, Le, Claude Bédard
Pêche à la mouche, La, Serge Marleau
Pêche au Québec, La, Michel Chamberland
Pistes de ski de fond au Québec, Les, C. Veilleux et B. Prévost
Planche à voile, La, P. Maillefer
* **Pour mieux jouer, 5 minutes de réchauffement,** Yves Bergeron
* **Programme XBX de l'aviation royale du Canada**
Puissance au centre, Jean Béliveau, Hugh Hood
Racquetball, Le, Jean Corbeil
Racquetball plus, Jean Corbeil
** **Randonnée pédestre, La,** Jean-François Pronovost
Raquette, La, William Osgood et Leslie Hurley
Règles du golf, Les, Yves Bergeron
Rivières et lacs canotables du Québec, F.Q.C.C.
* **S'améliorer au tennis,** Richard Chevalier
Secrets du baseball, Les, C. Raymond et J. Doucet
Ski nautique, Le, G. Athans Jr et A. Ward
* **Ski de randonnée, Le,** J. Corbeil, P. Anctil, D. Bégin
Soccer, Le, George Schwartz
* **Squash, Le,** Jean Corbeil
Squash, Le, Jim Rowland
Stratégie au hockey, La, John Meagher
Surhommes du sport, Les, Maurice Desjardins
Techniques du billard, Pierre Morin
* **Techniques du golf,** Luc Brien, Jacques Barrette
Techniques du hockey en U.R.S.S., André Ruel et Guy Dyotte
* **Techniques du tennis,** Ellwanger
* **Tennis, Le,** Denis Roch
Terry Fox, le marathon de l'espoir, J. Brown et G. Harvey
Tous les secrets de la chasse, Michel Chamberland
Troisième retrait, Le, C. Raymond, M. Gaudette
Vivre en forêt, Paul Provencher
Vivre en plein air, camping-caravaning, Pierre Gingras
Voie du guerrier, La, Massimo N. di Villadorata
Voile, La, Nick Kebedgy

Imprimé au Canada/Printed in Canada